劇団態変の世界

身障者の「からだ」だからこそ

劇団態変［編著］

論創社

人類有史への挑戦

金満里

人類の有史は、人と動物を分ける二足歩行から始まった、と私は自分の研究所での身体レッスンで教える。その意味は、人類発生から三〇万～五〇万年を経て、営々と築き上げられてきた文明の歴史も含んでいる。

私はポリオによる重度身障者として、自分も舞台に上がる劇団態変を一九八三年に作った。

それは、自らの障碍《しょうがい》自体を客体として抽出し、直視させる方法で始まった。

当初より、身体を隠す補助具や健常者介護といった、障碍を社会規範に翻訳するような、邪魔なもの一切をかなぐり捨て、身障者が自分の〝障碍〟を露わに見せつけ〝障碍〟からくる世界観がある、ことを示した。それは新たな価値の萌芽としてあった。

私の身体表現では、身体障碍が最も重度な障碍者こそが表現を行うに相応しい存在、とみなしている。その価値観で、立てず座り姿勢や寝たきり姿勢だけの身障者が、態変パフォーマーとしてその存在の仕方で這いずり・寝転がりでゴロゴロ、と舞台中を蠢く。これは、これまでの舞台身体表現とはまったく異なる、別次元の舞台身体表現である。

「立って歩く」というのが前提ではない態変の創り出す芸術は、二足歩行を前提として築き上げられてきた人類有史の文明とは逆方向での、地面に根ざした、人間存在の絶対肯定、〝命〟を提示する。

身体障碍の「歩けない」「何々ができない」という健常身体規範からくる「できなさ」は、それ自体が不自由と思われてきた。が、それらは私からすると、まったく不自由ではなく、〝常態〟である。

そして態変舞台では、〝無はそれだけですべてを有する〟という広い宇宙観として湧き上がってくるのだ。

三〇〇万〜五〇〇万年の人類有史そのものを問い、塗り替える大きな価値の転換を、具体的に示さざるを得ない態変芸術の、その一端に触れていただきたい。

二〇一七年六月九日

劇団態変の世界　目次

第二部　金滿里「身体をめぐる対話」

第一部　劇団態変とは

劇団態変とポリシー

劇団態変は、主宰・金満里により一九八三年に大阪を拠点に創設され、身体障碍者にしか演じられない身体表現を追究するパフォーマンスグループである。「身体障碍者の障碍自体を表現力に転じ未踏の美を創り出すことができる」という金の着想に基づき、作・演出・芸術監督を一貫して金が担い、自身もパフォーマーとして出演する。金自身ポリオの重度身体障碍者である。

海外からの招聘公演も数多く、特に欧州では「これまでのダンスの枠組みを大きくとらえ返す必要のある表現に出会った」などの評価を受け、その斬新で先鋭的な芸術性へ触れる機会を求められている。

身体障碍者がその姿態と障碍の動きとをありのままに晒すレオタードを基本ユニフォームに、障碍それじたいを表現力に転化して人の心を撃つ舞台表現を創り出す、それが劇団態変の表現である。

身体こそが身近にある小宇宙、としてとらえるとき、不安定にも見える態変のパフォーマーの身体こそが、一瞬たりとも同じではない宇宙への感応の表現としてある。「態変が表現する」ことは、生命丸ごとを投げ出すことに近く、生きる本能に目覚める身体性である。それは「命の形」であり「魂の表現」なのだ。

これは従来ダンスに求められてきた再現性とは異なる、再現不可能な一期一会の表現でなければならない。その舞台を通して観客も自身の日常を越え、いつしか非日常のパフォーマーの身体をともに生き、自身の身体を解放させ、命に触れるのである。

劇団自体の一貫したテーマは、世界の人類史に於ける優生思想の価値観を、根底から転倒させるほどの身障者の身体表現である。「そうでなければ芸術の意味はない」という強い自覚を持ち、人間の身体に異なる価値の提示を行う舞台表現を目指している。

創立時より「劇団」と名乗ってはいるが、敢えて言えばフィジカル・シアターに該当し、これまで三四年かけて表現として見つめてきた動きは「ダンス」でも「舞踏」でもない、どこにもなかった『態変』の身体表現である。

「態変ポリシー」

「態変は革新的な芸術を創出する」

態変は、身体障碍者の身体表現を芸術として創出しようとする。障碍を否定的にしか価値付けない方向性を内包するこの文明の中にあって、態変の営為は、常識を覆す先端的な創造を果敢に展開することに他ならない。美意識、世界観、人間観を根源的に揺さぶるまでの芸術の革新を我々は志す。

態変の表現は人間に対する価値判断の一次元的な軸を否定する。人間の身体に対する限りない信頼、個々の存在の絶対肯定に立って、人間存在を画一化へと方向づけるすべてから身体、そして人間を、解放せんとす。そして、多様な偏差の豊かさ輝く身体芸術を創出し提示し続けていく。

「態変は芸術への参加を開く」

態変の進む芸術革新の道は、既存の枠組みを超克して進もうとするので、従来、芸術とは無縁だと排除され疎外されてきた人々の中に、大いなる鉱脈を掘り当てる。

内発的必要として芸術への機会を奪い返そうとする人たちをこそ、先端的な創造の現場へいざないたいと、態変は志す。そのような参加が芸術のフロンティアを押し拡げ、芸術への参加が我ら自身のフロンティアを押し拡げる。態変は、培ってきた技術を駆使し、そのような現場を積極的に作っていこうとしている。

「態変は生きる糧となる芸術としてある」

障碍者の自己認識、自己受容、そして自立、を契機として成立した態変の芸術は、翻って自立を確固と基礎づけするものとしてある。

真の自立は、めいめいが自らの存在の奥に有る宇宙を感じ取ることに基礎を置く。身体を手がかりに宇宙を引き寄せ、生きることの意味を確認する場として、態変の身体表現芸術はある。

このように、態変は生きていくことのために欠くことのできない芸術を志向する。それは同時に、人間の存在の概念をも変える革命である。

注　なお、「態変ポリシー」については、障碍者運動との関わりなどを含めた解説を劇団態変ホームページに掲載している。ぜひとも参照いただきたい。http://taihen.o.oo7.jp/main/policy_kaisetu.htm

金満里の身体論・表現論

「舞う身体、這う身体」

金満里

一　身体芸術への視座

舞台で演じるとは、どういうことなのか。演じる身体を客席から観るとは、どういうことなのか。

劇団態変は、私を含め全員が身体障碍者である。劇団態変の旗揚げ作品『色は臭へど』（一九八三年）は、身体障碍者の日常世界のリアリティを、障碍者の視点からストレートにぶつける挑発芝居として創った。役者は積極的に顰蹙《ひんしゅく》を買うアクションを行ない観客に向かってさんざん毒づいたが、その内容は言語障碍でよく聞き取れず、観客はただ絡まれ弄ばれる恐怖を抱いた。変形した身体、ぎくしゃくした動きがくっきり見えるレオタードを着て、ふだん眼を逸らされるこれらの容態を見せつけたが、それもまた挑発としてであった。

しかし『色は臭へど』は、その場限りのスキャンダルには留まらなかった。劇評に、「醜さを曝け出して、美しさを計る物差しを抉《えぐ》ることは出来る。態変はそれをポーンと飛び箱を蹴っ飛ばすように超えてしまった。〝身体論〟だとおもった」（注1）と書かれたことで、私は、身体障碍者の身体表現が身体芸術の中に、ある位置をもって成立し得ると確信した。これが、「舞台で演じるとは」、そして「身体とは」の概念を覆し従来の美意識、世界観、人間観を根源的に揺さぶるような芸術を創出してみたいという野望の出発点となった。

「身体に障碍がある」とは、通常、健常な身体を基準として何らかの欠如があること、としてとらえられている。だが、私の概念では障碍は〈プラス・アルファ〉なのである。

健常者の身体は、ツルツルと引っ掛かりがない透明な球がまっすぐに転がっていく様子に例えられるのではないか。それに比べて身体障碍者の身体は、まっすぐに転がることができないでこぼこした球である。これを付加された凸凹だととらえ、障碍の身体を健常の身体に比べてプラス・アルファであると、とらえるのである。機能性・能率性のパラダイムにおいてはこの身体は不利であるが、しかし、身体芸術においては、生活の目的から外れ、意図のコントロールが及ばない身体は、そのひっかかりを手がかりとして、不可視なものを表現として現出させる強力な媒体となり得るのである。「人は存在そのものに触れたとき驚嘆し、そして問い始める」というプラトンか誰かの言葉に深く共感する。この驚嘆の対象を、可視的に現出させられるのは、唯一、芸術なのだろう。頭で考えた目的や結果に即して滑らかに機能を発揮する健常者の身体に比べて、そこからかけ離れたデタラメに生れ出る無目的な身体自身の語りを持つ身体障碍者の身体は、この驚嘆へいざなう芸術の成立に一歩近いところにあると、私は直感する。

私たちの出発点である『色は臭へど』、挑発の手法で観客の傍観を禁じたこの作品で、障碍の身体のひっかかりへの凝視を強制された観客は、その先に、あるいは〈驚嘆〉に近いものに出合ったのではないだろうか。安全な客席に座って与えられるものを楽しむという一種涼しい立場の足元が崩れ、存在を脅かされた観客は、その眼や耳や精神ではなく、自身の存在で展開される身体表現に触れざるを得なかったに違いない。そこに、あるなにかが現出し共有されたのだ、と思う。

二　身体障碍の表現論

劇団態変の役者は全員が身体障碍者であるが、大きく分けて「痙性《けいせい》マヒ」、「弛緩性《しかんせい》マヒ」、「可動域制限ないし肢欠損」の三つのタイプの身体がある。それぞれに特質を持つが、ここでは三つのタイプを貫く共通性にウエイトを置いて述べていく。

最も重要なポイントは、コントロールに服さない身体であることだ。よくコントロールされて機能を発揮し能率的に滑らかに目的を達成する身体が、身体の所有者にとっても観る者にとっても〈透明〉な存在となっていくのに対して、コントロールに対するひっかかりを有するこれらの身体は、存在として自立性を主張する。その身体「で」何をやろうとしているかが遠景に退くと、その身体「が」何をやろうとしているか、その身体が何であるかが前景に現れてくる。

例えば、「痙性マヒ」に属するCP（脳性マヒ）者の身体は意図と反対方向に生じる不随意運動とのせめぎ合いのなかで活動しており、それはむき出しの裸の生命を提示することに近い。「弛緩性マヒ」に属するポリオや筋ジストロフィーなど脱力系の身体は、重力と遠心力のせめぎ合いを活用することで活動を成立させているので、ある種の重力場の中を揺れながら進み、我々の住む宇宙の構造を提示し得る。カリエスや四肢欠損の「可動域制限」は、骨格の湾曲や関節の制限で行動対象にまっすぐにスムースに働きかけるコントロール性を裏切り迂回的に動くので、我々の生きる空間や時間が実は均質ではなかったことを示し得る。このようなニュアンスの差異を含んではいるが、重要なのは、これらの身体に共通したコントロールに服さない存在感である。

もう一つ、予定調和を崩す身体である点が重要である。ＣＰは破壊的・根源的に予定調和を崩すが、脱力系はリズム感として、可動域制限は空間的に、観客の予定調和感を裏切り、ずらす動きとして現れる。

このように、存在の強さと即興性の点で身体障碍者の身体は、身体表現において大きな潜在力を持つのだが、では、これらの身体を舞台上に載せたらそれで作品が成立するかといえば、それは決してあり得ない。身体障碍者が舞台上で動いてみせただけでは、観客にとっては、見慣れない、意味のつかめない身体の動きを延々と見せられ、ただのカオスを体験するのみであろう。観客に身体芸術としての体験を提供するためには、これらの身体から引き出した動きを作品として結実させる演出が必要なのである。

ところが、身体障碍の身体の価値として述べてきた反コントロール性、非機能性、予定調和破壊性は、その演出に反発し抵抗する要素として現れる。特に、予定調和の破壊は、作品としてのまとまりの中の「ここぞ」というところで炸裂してこそ、観る人を揺さぶるのだが、まさに、その目論見が「破壊」されてしまうのである。ここに演出家は困難な矛盾に立ち向かうことになる。演出とは、その止揚を図ることに他ならない。この矛盾を止揚する小手先の手練手管はない。

三　身体へのアプローチ

寝たきり重度ＣＰである木村年男は劇団態変旗揚げ以来の古参の役者であった（二〇一二年他界）。その身体は、痙性マヒの身体の典型を示す、内部の拮抗が現れたピンと緊張した身体である。舞台では、本人が演技を巧く「やろう」という意思を持てば持つほど、腕も足もピンと跳ね床面に喧嘩を挑む勢いでばたつかせだす。結果、演出の意図にも本人の意志にも反して、とんでもない場所へ身体は飛んで行ってしまう。そして舞台上で「遭難」してしまう。

単に整った作品を目指すなら、彼の「遭難」は作品上の決めごとにとって大きなリスクである。しかし、私が木村年男とともに舞台から呈示したいものは、彼の身体からあふれ出てくる生命であるので、私たちは、このリスクを引き受け続けることになる。こうして、木村と共に作品づくりに取り組むたびに、頭脳起源の意志と、身体が把握しているものとは本来別であるということに私は気づき続けた。

私の演出の根本は、徹底して身体存在に価値を置いた視点である。身体障碍者の身体表現とは、「魂から肉体が語り出す表現」でなければならない。ここで言う魂は、この宇宙の中での自己の存在理由、あるいはそれを求める渇望を指す。形ある身体の存在は、魂が内から支えて初めて立ち上がってくる、ととらえるのだ。

個々の「魂から肉体が語り出す表現」は、個々の役者が自分で掘り下げなければならないことであり、いくら演出といえども踏み込めるものとは限らない。しかし木村年男の場合、一つの明確な自己の存在理由を持っていて、表現への取組みの大きな手がかりとなっていた。彼は、森永ヒ素ミルク中毒事件の被害者であり、加害企業の醜い対応や国家権力に対しての怒りもさることながら、同じヒ素中毒で殺された赤子たちの生命を背中に背負ってきた。魂の叫びとして常にそれがあった。舞台上での演技にも、直接、理不尽なものへの怒りにつながるものが出たときに、彼の身体は、鋭く切れる刃物のような瞬発性をもった肉体として煌めきを見せる。そのとき、魂からの軋みや怒りそして大きな叫び、といったものが肉体として表現しだすのである。

また、私たちの創作の重要な鍵に「生命の尊重」がある。障碍者の多くは障碍の原因となった疾患からの生還者として、スレスレの生命の危機を体験している。死の淵から障碍者として産まれ直したのである。この身体の動きは、社会的コンテクストの中では「ぶざま」、「役立たず」と否定されようとも、生命の証しに他ならない。この身体は、生活上の機能・能率としては生き難さを背負うのだが、そうであるからこそ逆に、生き延びようとする身体の本能が最も強く覚醒され、集中している。かくして障碍者は、その存在・形・動きとして、生命そのものを露呈させずにはいかず、生命そのものが生きている姿として、まさしくここに在る。こうした意味での生命をどこまでも尊重するのだ。そして、その存在をもって、魂の餓えや渇望といった人間存在の根本原理へと迫ることができれば、だれも真似のできない魂の表現が立ち現れる瞬間に立ち合えるのである。

魂を掘り下げれば身体はみずから語り出し、生命を尊重すれば生命自体が動きたがって身体に生じさせた動きに気づくことができる。このようにして大切に引き出した動きを育てていき、それらが一つの舞台作品の中のここぞというシーンで出てくるためには、自分の中の魂と生命を呼び起こすのである。身体の中を「氣」がめぐって魂を支え生命を養っている、という東洋医学の考えに私は非常にリアリティを感じているが、この氣の流れを自覚すると、自分の中の魂と生命へアプローチできる。このことを私たちは身体表現トレーニングと創作に応用している。

身体が本来持つ原始的な生命本能が生き生きと再生し活性化することにポイントがある。人間存在を肯定し絶対価値をおくことが、まずその入口で不可欠なのである。そうすることで、身体の存在として安心し、身体からの欲求としての〈そうしたい〉や〈そう在りたい〉という、身体自身による能動的な変化が起こるのである。身体が身体自身として選ぶ〈そうしたい〉や〈そう在りたい〉を私は観察する。それを引き出すことが、身体障碍を身体表現に転化していくプロセスの最初の段階であり、本人が自らそれを引き出せるようにしていくことが、具体的な「氣」のレッスンである。

生命力のベースとして身体を養い整える氣は、生命本能として身体自身が選ぶ動きを表現に転化する際の中心ともなる。氣のレッスンは、自己の内部を注視することで、自己の生命エネルギー＝氣を感じ取る感覚を磨き、さらに内省を深めることで、氣を引き出す呼吸を学び、それを動きに関連づけていく、というプロセスを踏む。そうすることで、身体自身が自立存在として発する〈魂から語り出す表現〉としての動きが湧き出てくるのである。そうやってとらえた動きを舞台作品の中で出していく際に、頭脳でのコントロールは、既に繰り返し述べてきたように、無効である。自分の中の氣の流れに集中し、あるいは流れを創り出し、その流れに乗るようにして動きを引き出す、という感じが近いだろうか。

ここまで述べてきたような営為を積み重ねつつ創り出していく私たちの身体表現は〈生命の形〉に沿って流れ出てくる動きであって、機能的な健常者の身のこなしや、あるいは「障碍者的」な類型を演じた動きとは異なり、直ちに魅了される意味を発信しはしない。人は、意味の読み取れぬものを長く注視し続けることはできないので、したがって、受動的に客席に座って与えられるものを鑑賞することに慣れた観客にこの身体表現を凝視してもらうには、仕掛けが必要となる。劇団態変旗揚げ公演では、それが挑発による巻き込みであった。その後、身体表現を〈美しい絵柄〉として構成することを方法論として取り組んできた。その後、感情表現や、登場人物設定のある筋立てと身体表現を融合する試みをやっている。

これらの仕掛けは、注意深く埋め込んだ〈導火線〉である。観客は、巻き込まれてしまった状況や、身体と舞台装置の織り成す情景や、あるいは物語に導かれつつ、身体表現への凝視を続け、そして、ある時点で、いわゆる表現内容と表現形式の逆転に遭遇するかもしれない。当初、物語が〈内容〉で、演じる身体が〈形式〉ないし内容を包む「包み紙」であった。それが、いつしか、物語のほうが「包み紙」となって、身体表現そのものが〈内容〉として立ち現れるという逆転が起こる。そうやって、身体の存在、またその生命と魂に、観客が直ちに触れる瞬間が訪れる。そういう出会いを手繰り寄せるべく台本を書き演出するのである。

四　演じる身体を観ること

私の想定する身体表現との出合いを示す一例として、私自身がソロで演じた作品への劇評を引用させていただく。

（前略）一挙手一投足すべてが強い力をもってぼくに迫り、強い感情を引き起こす。ぼくは動いていた。ぼくは動かされていた。そのことを千秋楽のアンコールで舞台に上がってきた監修者の大野一雄が、もっと鮮烈な形で確認させてくれた。「驚きました。感動しました」と言った大野は、持ち込んだテープをかけさせ、座り込んだ金の周囲をめぐって、舞姫から去ることのできない、身も心も吸い取られてしまったあわれな男になった。そして大野は金のように、指を奇妙に曲げてみせる。巻き込まれ、同じになり、真似る。金のようになりたい、と大野は切望している。それが舞踏の、そして身体表現の本質だということは、何度書いても書き足りない。（注2）

ここに特に付け加えるべきことはない。そして、私自身もまた、大野一雄先生の舞台を観るたびに同じ境地を体験してきた。このように、視覚を通して見た身体表現によって、私たちの身体と魂に触発される体験は、見る私と、私が見る対象とが存在として重なり合っていく。このように深い「見る」を引き出すような身体表現を創り出したいと希求する。そのような身体表現が実現したとき、観客は、観るというより、自らの身体で体験することになるのであろう。それは巻き込まれ、舞台上の身体に自分の魂が憑依してしまい、気がついたらその身体として生きていた、というような体験である。

すでに繰り返し述べてきたように、劇団態変の身体障碍者による身体表現では、身体の合目的性や社会性にがんじがらめとなった層が最初から剝ぎ取られている。そのような剝き出しの身体として生きる体験とは、内に拮抗するエネルギーのせめぎ合いを抱えた剝き出しの裸の生命の休験であったり、地球上に存在する一個の「物体」として重力や空間・時間の構造に縛り付けられ翻弄されつつ、しかしその中を泳ぎわたっていく生命の意志の体験であったりする。私たちは、「魂が立てば形はそれに追いすがってくる」という信念に基づいて、これらの意図されたコントロールに服さない身体から引き出したものを作品に結実させようとしてきた。従って、舞台上の身体の動きは、魂の体験を繰り返しているのであり、もしも観客がその身体を生きる体験をするとしたら、それは魂の体験でもあるはずだ。

だが、実は、この身体の在り方は、身体障碍者、健常者を問わず、どのような身体であっても、その深層に眠る根源的な身体そのものの姿とそれが生きている世界である。身体表現を介して剝き出しの生命と魂に触れたとき、観客自身の剝き出しの生命が覚醒され、巻き込まれ、交錯する。舞台で演じる身体は、観客自身が自分自身の中の生命、魂、ひいては、根源的な存在、に出合う〈媒体〉としてある、と私は考える。

名づけることのできない存在そのものに触れることができたとしたら、それは驚嘆の中の驚嘆である。それこそが、芸術がこれまでも、そしてこれからも目指すところなのではないか。私は身体表現という手段を選び、それに挑戦し続けたい。観客と共に存在そのものと出会う驚嘆の体験を、いつかは実現させたい。

注1　林千章「「態変」にぶっとばされて」『I am ALICE』フェスティバル特集号、一九八四年

注2　上念省三「豊かさに転じるための秘蹟」『IMAJU（イマージュ）』一五号、一九九九年。

＊本稿は、『身体をめぐるレッスン1　夢みる身体』（岩波書店、二〇〇六年）所収の「舞う身体、這う身体」を本書向けに圧縮・再構成したものである。原著では具体的な実践例も含めてもっとディテールまで記述しており、ぜひそちらも手にしていただきたい。また、私の表現論・身体論は私たちが年三回発刊を続けている『IMAJU（イマージュ）』誌に掲載を続けているので、あわせてお読みいただきたい。

劇団態変メンバーズ（Members）1983～2017

金満里（キム・マンリ）1953年11月生。ポリオ

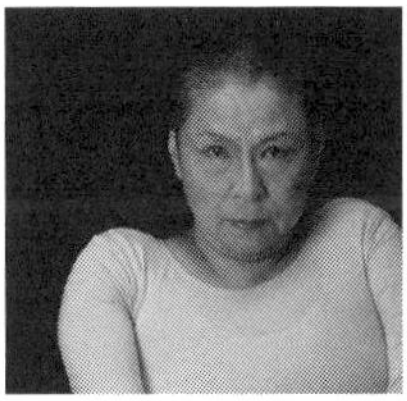

1983年の旗揚げ公演『色は臭へど』から現在まで、1作を除くすべての作品を作・演出し、ほとんどの作品に出演している。1998年、大野一雄・慶人監修によるソロ作品『MY MOTHER（ウリ・オモニ）』をエディンバラで上演。以降、ソロ作品創作にも精力的で、現在4作品を創作。魂に突き動かされる身体表現により無限の宇宙を現す、態変の芸術監督にして最前衛の舞い手である。 photo: 山田徳春

小泉ゆうすけ（こいずみ・ゆうすけ）1971年3月生。両上肢欠損

1988年『カイゴ・香異湖・KAIgo!』以後、ほとんどの作品に出演。2001年にはエディンバラの劇団Theatre Workshopのクリスマス公演『Kaguyahime』に客演、本格的なセリフ芝居に挑戦し好評を得た。2012年『福森慶之介一世一代 又、何処かで』では主演・福森慶之介の相方役を務めた。集中した演技と左右非対称の身体による独特のバランスには定評がある。 photo：山田徳春

下村雅哉（しもむら・まさや）1968年1月生。脳性まひ

2006年『ラ・パルティーダ出発'06』以後、ほとんどの作品に出演。2012年『虎視眈眈』で高橋源一郎氏より「雨に唄えば」を踊るジーン・シモムラからは目を離すことができない、と評価を受ける。2012年『ミズスマシ』、2013年、2016年『ヴォイツェク』では主役を務める。地面から空間を歪め捻れ蠢く身体は、見る者の「美」の価値観を揺さぶり、存在自体をも問う。 photo：山田徳春

向井 望（むかい・のぞみ）1993年3月生。四肢欠損

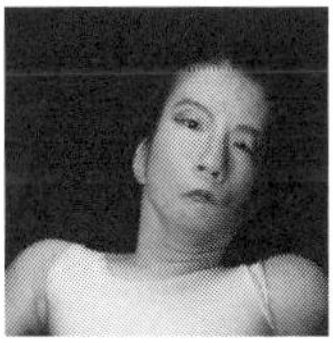

2000年『壺中一萬年祭』に6歳でエキストラとして出演。2011年『喰う』よりパフォーマーデビュー。同年の『ファン・ウンド潜伏記』韓国2都市ツアー公演以後、ほとんどの作品に出演している。小さな身体で宇宙を体現するその存在は一作ごとに驚異的な変貌を遂げ、態変表現の本質に欠くことのできないパフォーマーとして成長し続けている。 photo：山田徳春

松尾大嗣（まつお・たいし）1994 年 5 月生。脳性まひ

2015 年第一期インターン生となる。10 月『ぬえ』出演。2016 年『ルンタ』東京公演でパフォーマーデビュー。豪快かつ繊細な演技を繰り出す。身体で表現することは自分がわかり、まわりのこともわかる。いろんなことができ、未知数だから面白いと試行錯誤を続ける。　photo：山田徳春

小林加世子（こばやし・かよこ）1981 年 12 月生。左半身まひ

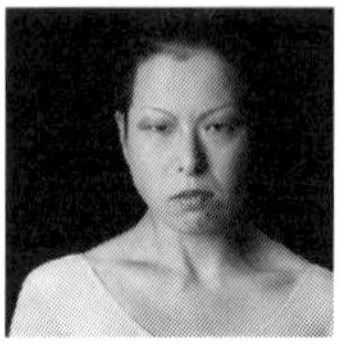

2016 年 3 月エキストラとして『ルンタ』東京公演に出演。4 月に第二期インターン生となり 10 月『ヴォイツェク』再演で鮮烈なパフォーマーデビューを果たし観客から好評を得た。生きることは表現すること。不在としてきた半身を手がかりに自己と他者の境界を見つめ、点在していた輪郭を結びなおすことで自身を変態（かたちづく）ろうと模索中。　photo：山田徳春

渡辺綾乃（わたなべ・あやの）1995 年 8 月生。脳性まひ

2016 年第二期インターン生として 2017 年 3 月『ニライカナイ』で初舞台を踏み、5 月、橋の下世界音楽祭からの招聘公演『幻視の郷』でパフォーマーデビュー。自分の掌の動き、固い、柔らかい。自分の身体がある。日々多々発見。自分だからできる演技を見せたいと、自分がこれまで奪われてきたさまざまな事柄や感覚を取り戻し、表現に昇華すべく格闘している。　photo：bozzo

ゲリラクヨクヨ 1955 年6月生、1984 年2月 22 日没。筋ジストロフィー

1983 年、旗揚げ公演『色は臭へど』に出演。学生介護との嚙み合わない会話をユーモアを交え皮肉るセリフ回しは爆笑を得た。態変が東京へ招聘された際にはいち早く「受けるべきだ」と判断したが、自身は志半ばでその舞台を迎えられず、行政の不手際により命を落とすこととなった。劇団態変の礎となった名演者である。　photo：小山弘

斎藤孝文（さいとう・たかふみ）1951 年 1 月生、1993 年 11 月 5 日没。脳性まひ

1983 年、旗揚げ公演『色は臭へど』より『銀河叛乱 '89 - 月に接吻したかっただけなのです』まで出演。劇団態変黎明期から、華美な衣装を排してレオタードのみを着用した抽象身体表現に移行する過渡期までを支えたパフォーマーである。

柏木正行（かしわぎ・まさゆき）1945年4月生、2006年5月21日没。脳性まひ

1983年、旗揚げ公演『色は臭へど』より1987年『カイゴ・香異湖・KAIgo!』まで出演。毒づきや障碍者の生活実態を超攻撃的に露わにする場面が多かった『色は臭へど』で、その「車いすのタンゴ」は、それまでの場面と空気を一変させ「暗夜の官能」と評された。

photo：天鼓

福森慶之介（ふくもり・けいのすけ）1937年10月生、2012年3月11日没。脊椎カリエス

1983年、旗揚げ公演『色は臭へど』から2012年『一世一代福森慶之介　又、何処かで』まで全作品に出演。芯からの演者であり態変を代表するパフォーマーであった。背中からの演技は圧倒的な存在感を放ち、独特のユーモラスな演技でも多くの観客を魅了した。

photo：青木司

木村年男（きむら・としお）1956年3月生、2012年2月17日没。脳性まひ

1983年、旗揚げ公演『色は臭へど』に出演。重度寝たきりの身体で、絶妙なスピンの効く足先での表現は、態変表現の真髄を現すものであった。1994年『霊舞 - 池中花』で繊細なソロ演技を見せ、最後の出演作2009年『マハラバ伝説』茨城公演では、主役を演じた。

photo：未来

かんたろう 1957年6月生、2013年8月没。脳性まひ

本名韓鐘裕（ハン・ジョンユウ）。元小劇場の役者。2008年『すがた現すもの』よりパフォーマーとして出演。自らもソロ作品を作り演じる。2011年韓国での『ファンウンド潜伏記』などに出演、好評を得た。2013年『ヴォイツェク』初演での鼓手長役は人々の記憶に残る怪演であった。

photo：古賀竜太郎

三宅光男（みやけ・みつお）1949年2月生、2016年8月9日没。脳性まひ

1983年、旗揚げ公演『色は臭へど』に出演。「強烈に毒のある言を吐き一升瓶を振り回し、観客に無理やり酒を飲ませる」という豪放磊落な演技は、観客の度肝を抜き「伝説の酔っぱらい」として、いまもなお目撃した人たちの心に大きく残っている。

photo：小山弘

劇団態変三四年史

金満里、取材構成・柳井愛一

立ち上げの『色は臭へど』

『色は臭へど』（一九八三年）、『色は臭へどⅡ』（一九八四年）はセリフを使わず身体性そのもので観客の中に入っていく作品。黒テントや唐十郎などの舞台には繃帯を巻かれた精神異常者っぽい人や大きな腹話術の人形など、障碍者のイメージが非日常を現す道具に使われる。障碍者自身がそれを逆手に取って自らの世界観をぶつけてみたら、観る人の世界観がひっくり返る、というのが着想のひとつ。もうひとつはアングラの中にも根底にあった優生思想、五体満足があたりまえで障碍者や奇形や人形を異物とするそんな考え方を乗り越えられない表現の在り方を撃ちたかった。

『ゲリラクヨクヨがおんねん』（一九八五年）は旗揚げ公演で人気を博した役者が亡くなっての追悼作品。『でたいねん、コンチクショウ』（一九八六年）は金が産休で他の劇団員だけでつくった喜劇風作品。『水は天からちりぬるを』（一九八七年）は生命の根源としての水を意識し、子どもに母乳を吸われる感覚を抽象的に展開。

『銀河叛乱89』（一九八九年）は金満里の宇宙観を前面に立てた作品で、態変にとってのエポックメイキングとなった。人間の身体は一つの宇宙。一人ずつが自分の身体の中に一つの宇宙をもっている。身体を動かすことで全体の空気、宇宙の粒子、密度が変わっていく。テーマは「向こうの世」と「こっちの世界」の違いがどこにあるのか。死と生きていることの境目というのを見たかった。

『静天のへきれき』、『夢みる奇想天外（ウェルウィッチア）』、『天国の森』は一九九二年の三部作。観客席に黒いドームを被せトンネルの向こうに閉ざされ圧迫された世界から見える隔絶された舞台を表現した『静天のへきれき』、舞台美術と身体の関係性から物のように身体があるという構成を通じて逆に物と確実に違う人間の身体を際立たせた『夢みる奇想天外』を経て、『天国の森』は初の海外公演としてケニアにもって行った作品。深いヨーロッパ的な森の中でいろんな物語が展開し、世界中の象徴的な民族衣装を着た役者たちが飛び回り、森全体で宇宙観を表現した。路上で障碍者が家族と一緒に物乞いをしているのが普通の社会だったから、障碍者が舞台で表現することにびっくりしたようだ。重度障碍男女の恋愛シーンでは口笛が鳴り、這って出たらゲラゲラ笑い、人間の感動の基本に触れた。

大野一雄との出会いとソロ作品

舞踏の土方巽の妻、元藤燁子《あき》さんと大野一雄さんと金とで東京のアスベスト館でワーショップの指導をすることになった。役者も伴ったが、大野さんは寝たきりの木村年男にくっついて離れずその身体表現に子どものように素直な好奇心を示す。形から入っているんじゃない。それで「一緒にやりたい」と申し出て大野一雄と態変のコラボレーション『山が動く』（一九九四年）、『宇宙と遊ぶ』（一九九六年）が実現した。大野さんと出会ったことですごく成長させてもらった。

『霊舞〜地中花』（一九九四年）は、座りっきりと寝たきりの重度の役者が三〇分ずつのソロできっちりと見せたことが画期的だった。『ダ・キ・シ・メ・タイ‼』（一九九五年）は阪神大震災の年、なにかしなくてはという思いに駆られるようにつくった。精神世界、夢の中の世界と現実の世界との接点を表現した作品。

『ＢＬＯＯＭ』（一九九六年、英国エジンバラ）からメッセージを意識し、結果よりもプロセスという価値観を示したかった。『ＤＥＰＡＲＴＥＤ　ＳＯＵＬ（死霊）』（一九九七年）は、エジンバラとスイスに呼ばれ絶賛された。フェスティバルの主宰者が「今日ベルンで革命が起こった」と言ったそうだ。

大野一雄さんの代表作『わたしのお母さん』の題名を韓国語にして使わせてくださいと頼み、『ウリ・オモニ』（一九九八年）ができた。大野さんの身体性を表現できるのは自分以外にいないという思いと、母親が亡くなったことからできた金のソロ作品。大野さんの身体性と母親を同時に背負うことになった。大野さんに監修してもらうことで、すべてを身体性に集中させることができ、舞台での身体表現の仕方を示す転機だった。

『壺中一萬年祭』（一九九九〜二〇〇一年）は大阪演劇祭連携企画として三年間、障碍者施設に出向きワークショップとオーディションを経て作品をつくった。『色は臭へど Ⅲ』（一九九九年）は一六年ぶりのリメイクで、初演の攻撃性をビジュアルに転じて楽しんだ。

『碧天彷徨』と『マハラバ伝説』

『マハラバ伝説』（二〇〇一年）は金滿里自身にとって挫折であった障碍者解放運動へのこだわりを清算

する作品。実在した障碍者だけのコミューンの成立と崩壊の物語。『ダ・キ・シ・メ・タイ‼』から夢の世界と現実の世界を突き合わせたり、現実に生きることはどういうことなのかという問題に向かい合うようになり、それが『ウリ・オモニ』や『マハラバ伝説』という形で発展していった。

『夏至夜夢―まなつのよのゆめ』（二〇〇二年）はシェークスピアの古典を態変風にどう解釈できるかに挑んだテント公演。

『碧天彷徨』（二〇〇三年）は、金の幼少時の施設体験を題材に、世の中の現状にどう立ち向かって行くのかという一人の人間の普遍的な問題を提起した。『帰郷―ここが異郷だったのだ』（二〇〇四年）はそこからの発展として物語性から抽象表現への回帰を試み、韓国公演も果たした。『記憶の森―塵魔王と精霊達』（二〇〇五年）は底抜けに楽しいファンタジーに取り組んだ。同作品はマレーシアの障碍者に身体表現トレーニングを施し公演に結実させるプロジェクト（二〇〇七年）につながった。

現代を撃つ

その後、物語を「乗り物」として態変の身体表現をこそ「内容」として観客に届ける手法に手応えを感じ、チリの現代史を題材とした『ラ・パルティーダ―出発』（二〇〇六年）、チェ・ゲバラの生涯を扱った『すがた現すもの』（二〇〇八年）、E・フロムの著作に想を得て人類史を身体表現でやってのけた『自由からの逃走』（二〇一〇年）、金満里の義父に当たる韓国独立運動の活動家を扱った『ファン・ウンド潜伏記』（二〇一一年）を上演。韓国公演も韓国の障碍者を多数エキストラ出演で行った。

併行して金満里のソロ作品『月下咆哮』（二〇〇五年）『天にもぐり地にのぼる』（二〇一〇年）を発表、

『寿ぎの宇宙』（二〇一三年）四作目に至る。物語に載せることによって深みを獲得してきた身体表現を用いて再び抽象的表現に回帰した『喰う』（二〇一一年）。

『虎視眈眈』（二〇一二年）、『ミズスマシ』（二〇一三年）は態変存続の危機での作品だが高い評判を得る。一方、現代不条理劇の祖『ゴドーを待ちながら』に想を得ての無言劇『一世一代福森慶之介 また何処かで』（二〇一二年、上演三五日後に福森は末期癌で逝去）、G・ビュヒナー原作『ヴォイツェク』（二〇一三年）の上演にも挑戦した。

近年の『Ｏｖｅｒ ｔｈｅ Ｒａｉｎｂｏｗ―虹の彼方に』（二〇一四年）、『ルンタ（風の馬）～いい風よ吹け～』（二〇一四年）、『試験管』（二〇一五年）、『ぬえ』（二〇一五年）、『ニライカナイ―命の分水嶺』（二〇一七年）に至っては、物語性と抽象との境界も消失させ、混沌を感性で掴みたいとあがく、現代人の心理に迫る舞台作りに邁進している。

＊前半は『ＩＭＡＪＵ』誌三〇号柳井愛一の「威風堂々」より抜粋・加筆。後半は劇団態変執筆。

劇団態変アクティビティ（Activities）1983 ～ 2017

全上演リスト

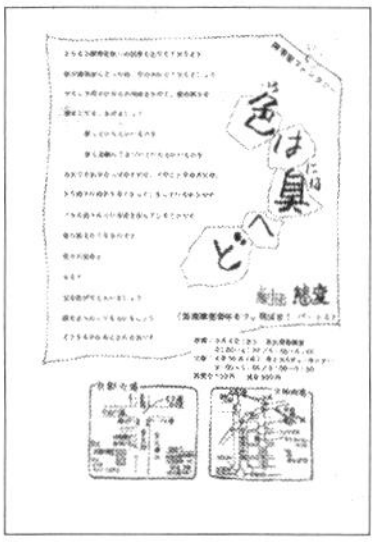
a

1983 年 6 月「色は臭へど」京大西部講堂、大阪・天三カルチャーセンター（京都・大阪連続公演で旗揚げ）a

1984 年 5 月「色は臭へど II」新宿タイニイ・アリス（アリスフェスティバル '84）

1984 年 12 月「色は臭へど II」大阪府立文化情報センター（大阪府人権週間企画）

1985 年 6 月「ゲリラ・クヨクヨがおんねん」大阪・吹田メイ・シアター（行政の不手際で非業の死をとげた役者ゲリラ・クヨクヨの追悼公演）

1986 年 5 月「出たいねん、コンチキショウ」京大西部講堂（作：紺谷・柏木／脚本・演出：福森）

b

1987 年 4 月「水は天からちりぬるを」大阪・総合福祉センター、尼崎・サンシビック・ホール。b：天鼓

1987 年 10 月「カイゴ・香異湖・KAIgo!」宇治・神楽殿ホール（音楽：ハンマダン）

1988 年 4 月「カイゴ・香異湖・KAIgo!」大阪・生野子どもの家

1989 年 6 月「銀河叛乱 '89―月に接吻したかっただけなのです―」伊丹アイホール（音楽：山本公成）

1990 年 10 月「いざいほう in ながい」大阪長居公園（野外劇）

1991 年 5 月「Heal―癒しの森」大阪・中之島剣先公園（野外劇）（美術：蔡國強）

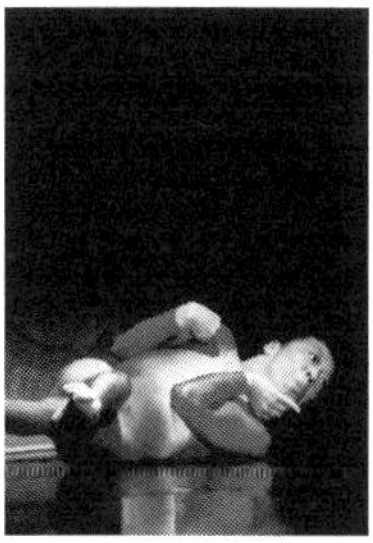
c

1991 年 9 月「銀河叛乱 '91」東京・北沢タウンホール（音楽：山本公成）c：未来

1992 年 3 月「静天のへきれき」大阪・総合福祉センター（布構成：山本篤子）

1992 年 5 月「夢みる奇想天外（ウェルウィッチア）伊丹アイホール（音楽：藤森啓之助＆筒井方也　布構成：山本篤子）

1992 年 9 月「Heavenly Forest（天国の森）」ケニア・ナイロビ・ナショナル・シアター、カカメガ・ムミアス聾学校ホール、キスム・アガ・カーン・ホール（Nairobi Players 招聘）d：未来

d

1993 年 10 月「天」３部作「一人は誰も心に森をもっている―（静天のへきれき／夢みる奇想天外／天国の森）」伊丹アイホール

1993 年 11 月「ビジョン・クエスト（通過儀礼）」[P]

能勢じょうるりシアター
1994年2月「ビジョン・クエスト（通過儀礼）」［P］八尾・プリズム・ホール
1994年5月「山が動く」（劇団態変＆大野一雄コラボレーション）伊丹アイホール。e, f：垂水章

e

1994年9月「霊舞―地中花」大阪・ウイングフィールド
1995年5月「ダ・キ・シ・メ・タイ!!」大阪・一心寺シアター（音楽：山﨑晃男、森定道広、小川真由子）
1995年6月「霊舞―ガラスの森で」［P］赤穂・ティンカーベル
1995年7月「霊舞―emergence 1」京都・法然院
1995年9月「ダ・キ・シ・メ・タイ!!」東京芸術劇場（東京国際舞台芸術ファスティバル'95）（音楽：山﨑晃男、森定道広、小川真由子）
1995年10月「ダ・キ・シ・メ・タイ!!」名古屋・厚生年金ホール
1995年11月「ダ・キ・シ・メ・タイ!!」長野県県民文化会館・中ホール
1996年1月「宇宙と遊ぶ」（劇団態変＆大野一雄コラボレーション）伊丹アイホール
1996年1月「霊舞―火・水・土」［P］神戸・須佐野公園（震災メモリアルイベント「癒しと点検」）
1996年8月「BLOOM」ランドルフ・スタジオ（エジンバラフェスティバル・フリンジ'96）（音楽：天鼓、小川真由子）

f

1996年10月「BLOOM」八丈島・八丈高校体育館
1996年12月「BLOOM」伊丹アイホール（音楽：小川真由子）
1997年1月「態変×天鼓LIVE!」大阪・扇町ミュージアム・スクエア
1997年6月「死霊（しれい）」伊丹・アイホール（音楽：シルヴァン・旭西・ギニャール、ビートリックス・ファイフ、片桐衛）g
1997年8月「DEPARTED SOUL（死霊）」エジンバラ・セント・ブライズ・センター、スプリングウェル・ハウス（エジンバラフェスティバル・フリンジ'97）
1997年8月「DEPARTED SOUL（死霊）」スイス・ベルン・ダンフツェントラーレ（第11回ベルナー・タンツターゲ招聘公演）
1998年3月「BLOOM枚方版」枚方公園青少年センター（'98 MARCH演劇ZONE XIII）（音楽：小川真由子、山崎晃男）
1998年4月「霊舞・MOVE」［P］広島・南区民ホール
1998年5月「霊舞・MOVE」［P］福山・東高校ホール
1998年8月「MY MOTHER（ウリ・オモニ）」エジンバラ・Theatre Workshop（エジンバラフェスティバル・フリンジ'98）（金満里ソロ公演、監修：大野一雄）h
1998年11月「ウリ・オモニ」大阪・扇町ミュージアム・スクエア

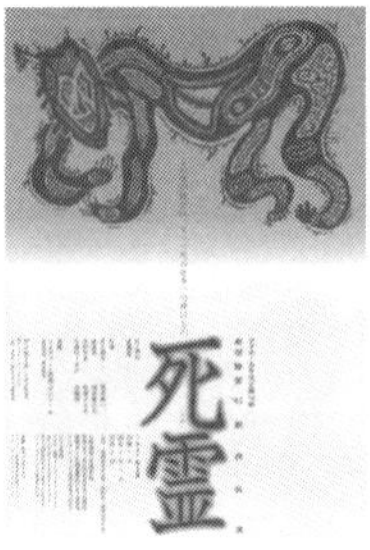

g

1998 年 11 月「死霊」岡山・西川アイプラザ

h

1999 年 3 月「壺中一萬年祭」大阪・トリイホール（音楽：ダルマ・ブダヤ　ビデオインスタレーション：ハマヤサトシ、鷹矢泰紀、武内真利子　美術：上野真知子）

1999 年 5 月「ラ・パルティーダ―出発」広島・アステール・プラザ中ホール（音楽：佐伯雅啓、松崎純一、居森やよみ、正本智恵　美術：ムラカミマサヒロ）

1999 年 7 月「ウリ・オモニ」東京・タイニイアリス（アリスフェスティバル '99）

1999 年 9 月「色は臭へど III」大阪・築港赤レンガ倉庫敷地内特設 NGR 銀テント（第 1 回大阪野外演劇フェスティバル）

1999 年 12 月「BLOOM」箕面・メイプルホール（音楽：ハマヤサトシ）

2000 年 3 月「壺中一萬年祭」大阪・扇町ミュージアム・スクエア（音楽：ダルマ・ブダヤ　ビデオインスタレーション：PHYLLOXERA）

2000 年 5 月「からだは表現する」大阪・国立民族学博物館（みんぱくミュージアム劇場）

2000 年 6 月「ウリ・オモニ」高知県立美術館ホール

2000 年 6 月「霊舞－ FRAGIL」「ウリ・オモニ」ベルリン・theaterforum kreuzberg

2000 年 7 月「身体魂宇宙」[P] 郡山・いわき 富や蔵／ホテルサンルートいわき（第 37 回『風の祭り』）

i

2000 年 12 月「ウリ・オモニ」大阪・トリイ・ホール

2001 年 2 月「BLOOM」奈良・生駒市せせらぎホール

2001 年 3 月「壺中一萬年祭 2001」大阪・扇町ミュージアム・スクエア（音楽：ダルマ・ブダヤ　ビデオインスタレーション：鷹矢泰紀、武内真利子）

2001 年 7 月「Voltex Fusion －うずまきまぜるー」[P] 大阪・IMP ホール（PAMO 2001）

2001 年 9 月「マハラバ伝説（Die Maha-Laba Dorf Historie）」ベルリン・Theater Karlshorst（アジア太平洋週間）

2002 年 2 月「マハラバ伝説」伊丹・アイホール

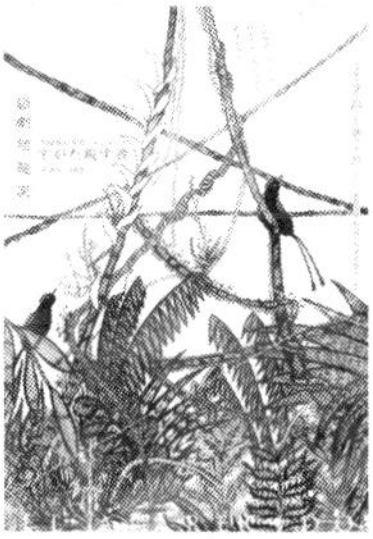

j

2002 年 5 月「マハラバ伝説」沖縄読谷村文化センター

2002 年 9 月「夏至夜夢―まなつのよのゆめ」大阪城公園太陽の広場内特設 NGR 銀テント（第 2 回大阪野外演劇フェスティバル）

2002 年 10 月「ウリ・オモニ」那覇・パレット市民劇場（うないフェスティバル 2002）

2003 年 2 月「マハラバ伝説」岐阜可児市文化創造センター

2003 年 4 月「マハラバ伝説」京都府立鳥羽高校

2003 年 9 月「碧天彷徨」大阪・ウイングフィールド

2003 年 10 月「My Mother」台北・Crown Theater（Little Asia dance festival）

2003 年 11 月「碧天彷徨」東京・タイニイアリス（アリスフェスティバル 03）

i：青木司

2004年6月「帰郷—ここが異郷だったのだ」大阪・Art Theater dB

k

2004年9月「帰郷—ここが異郷だったのだ」ソウル・アルングジ劇場

2004年11月「ウリ・オモニ」大阪・Art Theater dB 特別企画「大野一雄 宇宙と花」

2004年12月「帰郷—ここが異郷だったのだ」東京・タイニイアリス

2005年3月「色は臭へど4」大阪・ウイングフィールド

2005年6月「マハラバ伝説（The Legend of Maha-Laba Village）」シュトゥットガルト・Theaterhaus T2（Theater der Welt 2005 招聘公演）

l

2005年10月「月下咆哮」横浜・BankArt 1929（Kazuo Ohno Festival 2005）

2005年11月「月下咆哮」「記憶の森ー塵魔王と精霊達」大阪・精華小劇場

2006年1月「My Mother」クアラルンプール・KLPAC

2006年9月「ラ・パルティーダ—出発 '06」大阪・扇町公園特設NGR雷魚テント（第6回大阪野外演劇フェスティバル）（音楽：佐伯雅啓、大熊ワタル、八木啓代、楠田名保子、伯山正孝、山田巧）

2006年12月「月下咆哮」東京・タイニイアリス

2007年1月「いのちの宇宙」[P] 三春・いわき三春交流館まほら／カトリックいわき教会

2007年1月「九寨溝の龍」[P] 神奈川県立青少年センター（Kazuo Ohno Festival 2007「百花繚乱」金満里ソロ）

m

2007年2月「記憶の森」大阪・メタモルホール

2007年4月「Hutan Kenangan（記憶の森）」クアラルンプール・KLPAC（現地で養成したマレーシア人役者による）

2007年4月「月下咆哮より2シーンと即興」[P] 静岡・スナック・バロン

2007年9月「マハラバ伝説 黎明編」大阪・扇町公園特設NGR雷魚テント（第7回大阪野外演劇フェスティバル）

2007年11月「ウリ・オモニ／月下咆哮」大阪・ウイングフィールド

2008年1月「My Mother（ウリ・オモニ）」「Howl under the moon（月下咆哮）」シンガポール・The Arts House（M1 Singapore Fringe Festival 招聘公演）

2008年1月「Howl under the moon（月下咆哮）」ジャカルタ・

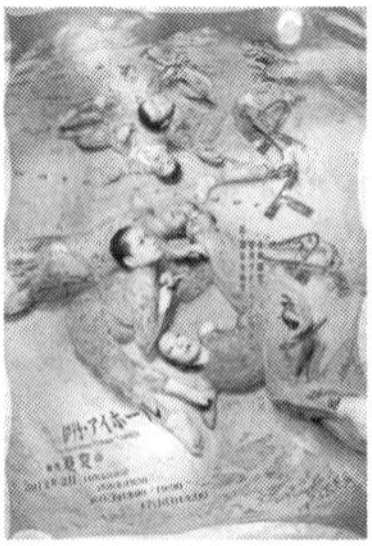
n

TIM Teater Kecil

2008年9月「男は旅に出た―チェ・ゲバラ すがた現わすもの」大阪・扇町公園特設NGR雷魚テント（第8回大阪野外演劇フェスティバル）（音楽：桑原しんいち、青木直之、Qtaka）j

2009年5月「マハラバ伝説」茨城県立南生涯教育センター（マハラバ村が実在した地域での公演）

o

2009年9月「男は旅に出た2 ファン・ウンド潜伏記」大阪城公園太陽の広場特設NGR雷魚テント（第9回大阪野外演劇フェスティバル）（音楽：趙博　特別出演：金君姫）

2010年3月「天にもぐり地にのぼる」大阪・ウイングフィールド（金滿里ソロ作品・3作目）

2010年10月「自由からの逃走」大阪・大阪城公園太陽の広場特設NGR雷魚テント（第10回大阪野外演劇フェスティバル）

p

2010年11月「狼（月下咆哮）」[P] 横浜・BankArt Studio NYK（大野一雄フェスティバル2010）

2011年1月「ファン・ウンド潜伏記」大阪・精華小劇場（精華演劇祭2010）（音楽：趙博　特別出演／サルプリ振付：金君姫）

2011年3月「ファン・ウンド潜伏記」ソウル・KOUS（韓国文化の家）「ファン・ウンド潜伏記」固城・固城郡文化体育センター（音楽：趙博　特別出演：金君姫／ソウル　朴璟琅、固城五廣大／固城）

2011年8月「ウリ・オモニ」大阪大学・21世紀懐徳堂スペース（世界演劇学会2011大阪大会）

2011年9月「ファン・ウンド潜伏記―朴璟琅同行の新たな旅路」ソウル・南山国楽堂（音楽：趙博　特別出演：朴璟琅）

q

2011年10月「喰う」伊丹AI・HALL（音楽：伊東乾、美術：塚脇淳）

2012年2月「一世一代福森慶之介 又、何処かで」伊丹・AI・HALL

2012年5月「天にもぐり地にのぼる」大阪・メタモルホール（金滿里ソロ）

2012年7月「天にもぐり地にのぼる」沖縄・ミュージックタウン音市場（キジムナーフェスタ・2012）k：久高友昭

2012年10月「虎視眈眈」大阪・ウイングフィールド（美術：UNDERLINE）。l・m：谷アツシ

2012年11月「虎視眈眈 in 駒場東邦」東京・国立オリンピック記念青少年総合センター

2012年12月「天にもぐり地にのぼる」東京・新宿タイニィアリス（Alice Festival 2012）

r

2013年2月「ミズスマシ」伊丹・AI・HALL（音楽：ウォン・ウィンツァン　美術：榎忠）n：谷アツシ

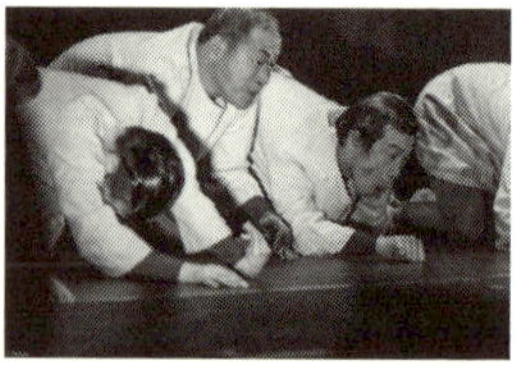
s

2013年7月「ヴォイツェク」大阪・メタモルホール。o：中山和弘

2013年10月「寿ぎの宇宙」大阪・メタモルホール

2013年11月「寿ぎの宇宙」広島・カフェ・テアトロ・アビエルト

2014年3月「Over the Rainbow—虹の彼方に」大阪・ABCホール（30周年記念・第60回公演／音楽：山本公成）

t

2014年10月「ルンタ（風の馬）～いい風よ吹け～」大阪・HEP HALL（音楽：ウォン・ウィンツァン、山本公成　絵画：ウゲン・ナムゲン）

2015年3月「試験管」大阪ウイングフィールド。（音：かつふじたまこ）p：中山和弘

2015年7月「ウリ・オモニ」大阪・メタモルホール

2015年10月「ぬえ」大阪・HEP HALL（音楽：山本公成コズミックユニット）q：中山和弘, r：東學

2016年3月「ルンタ（風の馬）～いい風よ吹け～」東京・座・高円寺1（音楽：山本公成 with コズミックトリオ）s：bozzo, t：谷アツシ

2016年8月「寿ぎの宇宙」大阪・メタモルホール

u

2016年10月「ヴォイツェク」大阪・メタモルホール

2017年3月「ニライカナイ—命の分水嶺」大阪・HEP HALL（音楽：サエキマサヒロ、児嶋佐織、SANgNAM 楽曲提供：Dagshenma Dsm）u：bozzo, v：東學

2017年5月「幻視の郷」豊田大橋橋の下千石公園（橋の下世界音楽祭）（音楽：CazU-23、Natiho Toyota、内田直之（PA）、山川のりを（友情演奏））

v

注1：特に記述がない作品はすべて作・演出：金満里

注2：［P］は短時間あるいは即興パフォーマンスとして上演

注3：1995年「ダ・キ・シ・メ・タイ!!」以降ほぼすべての作品で舞台美術（一部、装置）：吉田顕

注4：本文と図版横のアルファベット：写真は撮影者、ポスターは宣伝美術担当者

注5：スタッフ表記は公演当時のパンフレットより抜粋して掲載

態変がもたらすもの

貫 成人

「今日、ベルンで革命が起きた」

一九九七年八月、スイス、ベルンにおける、劇団態変『Departed Soul（死霊）』上演直後、興奮した観客はこう叫んだ。

だが、革命とは、被支配者が支配者を倒して実権を握ることである。態変はどのような意味で革命なのだろう。

一九九〇年代は、「障碍者」パフォーマンスの黎明期だった。脊椎に障碍があるライモント・ホーゲが公演活動に乗り出し、イギリスでは、一九九一年、障碍者からなる「カンドゥーコ・ダンス・カンパニー」が設立された。それに対して態変は、一九八三年設立と圧倒的に古いばかりではなく、その舞台哲学も、欧米カンパニーとはおおいに異なっている。

ホーゲは、歪んだ背中を強調しながら、舞台に置いた鉄棒で懸垂をしてみせ、カンドゥーコの下肢をもたないダンサーは、スケートボードを巧みに操って、健常者顔負けのスピンやジャンプを披露する。パラリンピックにおける走りや泳ぎ、あるいは高度な技が、時にオリンピック選手よりも大きな感動を与えるのと同様、障碍者のパフォーマンスが健常者ダンサー以上の感動を与えるのは事実である。だがそれは、「身体能力において劣る」パフォーマーが、「健常者と同じこと」をやってのけたことに対する感動であり、賞賛だ。そこには、「恵まれない」存在に対する、健常者の「上から目線」が混じっていないとは言い切れない。

ところが、態変の舞台から得られる感動はこのメカニズムに回収されない。金滿里は、ポリオによって歩くことさえままならない。だが、異生物のようなレオタード姿で床を転がり、床を掻くように移動する彼女が、必死に腕だけで体を支え、あるいは横座りになって「キメ」のポーズを取る。その瞬間、観客の前に出現するのは、通常ではありえない、崇高な輝きである。宙を「はっし」と睨む、金滿里の強い目の光とともに、いままであたりまえと思っていた世界が一気に瓦解し、別の次元が垣間見える震えを観客は感じる。

同じような経験は、晩年の大野一雄も与えてくれた。一〇〇歳近くになり、車椅子で登場した大野は、わずかに動く右腕だけで宙に何かを放り上げ、それを再び手の平でつかむ。すると、何もない空間に花が舞い、落ちるのが見える。全盛期の大野に比べればはるかに小さな動きなのに、それを見た観客は、滂沱《ぼうだ》の涙を禁じ得ない。大野ほど踊りを愛した人はいない。だが、かれが望む動きはもはや実現し得ない。踊りへの欲望は、それが阻害されているからこそ、かえって強く、リアルに空間を満たすのである。

金滿里はじめ態変の人々、また、大野一雄が示すのは、健常者の舞台、また、欧米における障碍者カンパニーの通念とは異なる舞台哲学だ。バレエやモダンダンスなど、従来の舞台に登場したのは、「すぐれた技巧をもち、美しく、強い」身体だった。観客はそれに感嘆し、憧れ、圧倒される。カンドゥーコなど、欧米の障碍者カンパニーを支配するのも、同じく健常者の美の基準であり、障碍を持ったパフォーマーはそれに従うだけだ。

金満里、あるいは大野一雄は、その基準を根底から転覆する。かれらは、「健常者」の基準に従うのではなく、「健常者」によってはけっして実現しえない独特の美、ほんとうの真摯さ、固有の存在を舞台において実現する。それは、健常者がどんなに巧みに「演技」しても、けっして実現しえない。かれらの舞台に登場するのは、演技や技巧によって作られたものではなく、かれらの、人格、過去の履歴、感情、感覚、身体などすべてを含んだ、かれらの存在そのもの、その人の「実存」だからである。

「健常者」には生み出し得ず、「障碍」者にのみ可能な美や存在を実現する作品は、二〇一〇年代、ようやく広く認知されるようになった。たとえば、コンドルズ主宰の近藤良平率いる「ハンドルズ」が、また、ヨーロッパにおいては、ダンステクニックを否定する、いわゆる「ノン・ダンス」の旗手ジェローム・ベルが、障碍者を用いた『Disabled Theater』（二〇一二年）によって、それぞれ、障碍者ならではの味わいをみせる舞台を実現する。美術の分野では片山真理が、脚を切断した自身の身体を被写体にした。

ところが、こうした、国内外における、ジャンルを跨いだ最新の展開を、金満里と態変は、すでに一九八三年、すなわち三〇年以上前から実践していた。ひとえに、驚くべき事である。

しかも、二〇一〇年代、このような傾向が生まれたその背景を考えると、金満里と態変がもつ世界史的とすら言える意味が迫ってくる。

現在、各地で「障碍者」アートが注目され、美の基準が変化した背景にあるのは、いわゆる「コンテンポラリーアート」状況だ。

「モダン」と「コンテンポラリー」は似て非なるものである。「モダン」は、語源的に「新しい」を意味し、「コンテンポラリー」は「同時」を意味する。「モダン」は「過去に比べて新しい」のだから、過去との対照・比較が含まれるが、「コンテンポラリー」というとき意味されるのは、何かがそれを語っている話者と同時に存在し、目の前にあることだけだ。現代ドイツを代表するダンス理論家ハンス・オーデンタールは、「ダムタイプも能も、同じようにコンテンポラリーだ」と言った。現在と過去の対比がないのだから、「新しいもの」も「古いもの」も等しく同列に扱われる。

「コンテンポラリー」状況を生み出したのは一九八九年の冷戦終結だ。ベルリンの壁崩壊によって、自動車や家電などの生産工場が先進国から旧第三世界に流出し、中国やロシアなど、資源大国の存在感が増す。それまで、先進国において芸術を支えていたのは、教養を持った中流市民階層だったが、生産業の旧第三世界流出とともに中産層が蒸発し、その一方、旧第三世界で大規模アートフェスティバルがひらかれる。例えば、『モナ・リザ』を見るにはルネサンス期、雪舟を見るには室町時代についての教養が必要だったが、アートマーケットが全世界に拡散すると、このような教養を観客に期待することはできない。伝統的技法やジャンルへのこだわりは薄れて、ティノ・セーガルなど、ほとんどパフォーマンスと言っていい造形美術が登場する。また、ベネチア・ビエンナーレ、ドイツ・カッセルのドクメンタなど、「ポスト・コロニアリズム」や難民問題などの政治的色彩が強くなる。そして「多様性」が賞揚される。

「多様性」というときに念頭に置かれるのは、男性優位社会で抑圧されていた女性やLGBT。欧米中心主義が排除していた「アジア」、「アフリカ」、そして「障碍者」だ。だが、「多様性」を尊重し、既存の秩序を「外国人」など「異物」に「解放」しようと叫ぶ人々が忘れていることがある。「標準」とされる自分たちこそ、「異物」とされる存在から見ると異物であることだ。

このような構図の欺瞞を暴露するのが、金滿里率いる劇団態変である。かれらは、健常者には実現できない美を、その存在そのものによって実現する。そのかれらを見るとき、観客は不思議な「わななき」を感じる。それは、従来の「健常者」中心の視線が揺らぎ、同時に、自分たちが「異物」の側に転落する、その事態を前にした「わななき」だ。

態変は、ベルンでかれらのパフォーマンスを「革命」とよんだスイス人が思ってもみなかった仕方で革命的なのである。

ぬき・しげと　舞踊批評家

第二部　金滿里「身体をめぐる対話」

宇宙と遊ぶ

大野一雄・慶人×金満里

Kazuo Ohno, Yoshito Ohno, Manri Kim

『ダ・キ・シ・メ・タイ!!』を見て

大野　態変の公演を観せていただいて感銘を受けました。一つは、「宇宙とお遊びをする」こと。人間が成長をするというのは、おそらく頭で考えてこうしてやる、というのではなくて、例えば、宇宙とお遊びをするとか、それから、なんかこう命の根源に遡って小宇宙へ行ったり来たりして、夢、幻のような中とか、そんなような中でお遊びをするのが、人間が成長するいちばん大切なことじゃないかと私は考えています。

頭の中で考えて、そして戦争をやる。両方お互いに自分のほうが正しいといい、なかなかお互いに大変な状況のなかで、戦争をしょっちゅうやってますけど、やはり、人間が成長するというのは、幻の中、夢の中、お遊びの中、特にお遊びの中だと私はいつも考えているんです。その根源になるものは、池袋で態変の公演を拝見したときのことです。何となく「宇宙とお遊びをする」っていう、そういう深くて広い広い世界の中で自由に羽ばたいておった、というような実感で見ていたんです。それは、簡単にできるかというと、できそうでいて、なかなかできない。

巨《おお》きなお面が出てきて、布を被って出てきて、雨が降ってきて……とか、私はみんな書き留めてきたんですけどね。こういうふうに心に触れていく。「それは何が？」といえば、やはり、宇宙とお遊びをすること。心が触れ合いながらね。そういうものってけっして頭の中で考えたからできるものではなくて、魂、自然、宇宙と命の触れ合いなんですよね。ですから、夢を見るときに、よく短い時間に命の原点にまで駆け昇っていく、そして戻ってくる、こういう往復運動を繰り返しておるなかで、命の原点の触れ合いがいつのまにか行われている。遊びが成長の元だなんていうことは簡単には言えないけれども、しかし、遊びが命の成長の原点であるようにね、やはり我々は生きていかなくちゃならない。お互いつながり合って生きていかなくちゃならない。そんなようななかで、宇宙とのお遊びに触れることができたので、ああ、これが態変の原点のようなものだなという感じがしました。

金　以前の作品をビデオで見ていただいたのと、このあいだ生で観ていただいたのとでは、かなり印象が違いましたか？

大野　そうですねえ。底辺でつながっておるんだろうけど、今回の作品のほうが、どっちかというと割合に自由に、やられたっていうような感じがあって、特に宇宙との関わりが出ていました。前の作品のときには、ひょっとしてそれが考え出された一つのことなのか、というようなところがありましたけど。私もあのビデオを見てね、いいとか悪いとかじゃなくて、どういうふうにしたらお手伝いできるかということで一生懸命しておりましたので気づかなかったけど、今度の踊りを見て、「宇宙とお遊びをする」

ということ、それがやっぱり人間が生きてきたこと、宇宙の中で宇宙とともに生きてきたんだと感銘を受けました。

宇宙記憶と生命記憶

大野　例えば、宇宙にはね、太陽系とか、惑星がぐるぐると回るわけですよ。離れていきそうなものだけど、離れないでそのまわりを回るというのは、やっぱり、引っ張る力と外側へ行く力、遠心力と求心力、その二つがね、バランスよくつながっているから回る。そうするとね、お母さんのお腹の中は遠心力、求心力ということではどうなのか。お母さんのお腹から産まれて、そして離れていくわけでしょ。しかし、離れていられないで、お母さんのお腹の中にもっとくっつきたい、ということからいえば、子どもと親の関係というのは、遠心力と求心力と何ら変わるところなくあると。胎内回帰ですね。その証拠にね、私はテレビで見たんですけど、卵子が一つ、精子が一個、パっとこういうふうにくっついて、卵子の中に精子が入り込み命が成立したとき、クルクルっと回るんですよ。回って回って、そして外側にくっついている億単位の精子が弾き跳ばされていく。そして、弾き跳ばされることによってね、生命記憶、宇宙記憶として染色体の中に組み込まれますが、こういうようななかで成立するのが感情だと、私は思っています。感情というのは命を大切にする感情であって、自分の命だけでなく人の命も大切にする、形のない命の想いだと思っています。

これが、胎児になってずうっとこう……。まずもって鰓呼吸している。鰓で呼吸しておったところが、産まれる直前になってくると、鰓で呼吸していて生命を保てるかというとそうでなくて、口で食べられるようにする、呼吸する。そういう練習をするためには、鰓で呼吸することをやめて、口から羊水を呑んで栄養を取って、こうだんだんだん変わってくる。そうして、お母さんのお腹の中でこうして（スキンシップ）お母さんを呑んでさ、子どもの命とお母さんの命がこう、こすれ合うようにして、そして産まれるからね、太陽と惑星と同じなんですよ。母親の命から出ていくんだけど、また戻ってくる。遠心力、求心力、そういうものが厳然と働いているんだと。子どもがだんだん成長するにつれて、なんか買ってくれという。でも、なんか買ってもらったから解決するんじゃなくて、お母さんのお腹の中にもう一回入りたい、その想いっていうのがいちばん重要な思いですよ。宇宙論と人間の命がそういう意味でちゃんとつながっている、別個のものじゃないんですね。

金　大野さんの作品の中で、『ラ・アルヘンチーナ頌』とか、ドレス着てハイヒールを履いて、一般に〝女装〟と言われてはるんですけど、その感覚っていうんですか、それが母と子の感覚とつながっているように思いますが、どうしてそういうことがわかるのかなと。

大野　それは胎内での体験で、美についての体験は、母親と胎児の関りのなかにあると思っています。胎内の散策をしながら、あの小さな生命がお母さんの苦労を想い、思わず大きなお母さんを背負って初めて顔をつき合せる。大小を超えて母と子がつながっている。これらの理解と、生命と宇宙、自然と命の出会いのなかで理解されるのだと思います。宇宙論に続いて、魂の学習のなかに成立した実存だと思うのです。

金　お話のなかで、胎内――内臓感覚っていうんですかね、なんか非常にわかるんですよね。わりと女にはすごくよくわかるんですけど、ひっくり返るっていうんですか、内臓が本当は外で身体が中なんじゃないかとか、どっちが内っ側か外っ側かわからない感覚っていうのがあるんですよね。だけど大野さんが非常にそういう感覚を持たれて、表現するとき、お話の中でも感じるんですけど、どうしてそういう感覚を持てるのかなあと。

大野　まあ両性具有っていいますかね、男性の中にも女性が棲んでる、女性の中にも男性が棲んでる。いちばん最初に男と女がちゃんと分かれておったものかどうかっていいますと、分かれてなくて、「命」としてあったものがだんだんだんだん両性具有っていうのからこう分かれていったかもわからない。でも、男性の中に女性がいる、女性の中に男性がいる、例えていうと、川の水が流れていって、そして岩にぶつかってばーんとなると、こっちが男性かもわからないし、川の水のほうが女性かもわからない。というような関りってやつが常に男性と女性の間にある。何のためかっていうと、愛の根源という問題として、両性具有っていうのがある。なかなかむずかしいんですが。

宇宙に遊ぶ

大野　先だって仙台でやったのは、「塵《ちり》、宇宙に遊ぶ」。塵が遊ぶ宇宙。三〇年か四〇年くらい前に、旅館の部屋の床の間に「塵遊宇宙」、坊さんかなんかが書いたんじゃないかな、そういう軸を見ましてね。そこから、「塵、宇宙に遊ぶ」と。これ、塵でできた作品ですよ。子どもが拾ってきて集めたゴミで、だんだんいろんな作品がね、次々次々できていく。これみんな集めたゴミなんですよ。私の友だちがね（入江比呂氏）、この展覧会をやったんですよ。作者（ご夫婦）二人とも亡くなったから、それで美術批評やってる私の友だちがね、これ全部もらって、六本木で公開して私がそこで踊ったんですよ。

金　それをこのあいだ仙台で。

大野　そうです。「塵、宇宙に遊ぶ」。そのとき、塵の死霊っていうか死んだ魂、塵は死んだものですよ、ある意味で。それをね、手でつかんでね、引きずり降ろして、ずうっと遊ぶんですよ、二人して。塵、宇宙に遊ぶ、塵を引きずりながら。じゃあ死霊は何かってなると、やっぱり塵ですよ。塵がこう遊んでいる。

その次にもう一つやったのは、首を切ってね、それをこう紐で結んでぶら下げて、カンテラ代わりに足元を照らしながら歩いた。これもある意味で、「塵、宇宙に遊ぶ」と何か共通性がある。そんなことを何のためにいったいやるのかといったら、いままでの自分から脱出して新たな自分になるためで、自分の首を切って、それをぶら下げてこうしていくというような、そういうこととね、それからもう一つは月経のようなものでね、何か降りてくるものが降りてこられなかった、滞って。そこへさっと鬼っ子が降りてきたんですよ。その鬼っ子はお母さんのお腹の中でね、石を担いだり色々こうして苦労しておった。それがあるとき「ばっ」とお母さんのお腹の中から出てきた。これが鬼っ子ですよ。それからその鬼っ子と花っ子ですよ。鬼っ子と花っ子がどっかで出会って、そして睦まじく底の底まで愛し合って、というようなね、道行きのようなもんですね。男と女の道行きのようなものがそこで行われたんですよね。道行きは生と死の道行きでもあるし。それと最後にやったのはアルヘンチーナとボレロ、二つのつながりですけど、これはいまいった道行きのようなものですよ。

このようなことを思いつきながらね、ぽつぽつとやっていたんですよ。作品としてまとめなくても、そのときの思いつきだけでいい、それをやる。そのほうがあるいは面白いのかもわかりませんね。まとめたよりもね、まとめないほうがいいのかもわかんない。そんなようなことが色々あって、その中に死と生の問題もある。

金　やはり、何か乗り移るというか、何かが降りてくる瞬間というのが、演《や》っているとあるんでしょうか。そのときによって違うとは思うんですけど。

大野　そうですねえ。私の母親がね、子どもを亡くした。電車に轢かれたんですけど、そのとき台所で食器の整理しながら、白昼夢の中で仏の行列を見たんですよ。それがちょうど三歳の子が電車に轢かれた時間だった。ドンぴしゃり。花電車に子どもが轢かれた。お母さんもかわいそうだけと、子どももまたかわいそうなわけですよ。子どもが鳥になってね、ぴよぴよしながらお母さんを求めていく。それに、お母さんの悲しみが重なってくるわけですよね。子どもが死んだときにお母さんが仏の行列を見た。仏の行列がその慈悲によって母のお腹の中に入っていった。母はおかげで死ぬまで仏とともに在った、死を乗り越えてともに在ると思っています。この仏の行列をなんとかして演ってみたい。

それを演ろうとしたときにね、仏の行列そのものを演ろうったって、とっても可能性がない。そのときにね、猫の皮を貼って三味線をこう弾くでしょう?　そして、こう（猫の身振り）なるでしょう。そんな中にね、「はっ」と入り込んで猫になって、こうしていると、いつのまにか気持ちがだんだんだんだんおさまってくる。すると、今度、仏の行列が立ってくる。仏の行列から猫の行列、そんなようなものからね、狂気の中で風と三味線の猫とのデュエット、これらの中で、私と私のお母さんの想いを一場面にまとめました。

金　いつお母さんが降りてくるというか、降りてくる瞬間を見れるのかな。

大野　死海を取り巻く山々を歩いていたときのことでした。なんとなくね、母の胎内を歩いているような、そういうイメージが浮かんできました。死海のまわりで穴を掘って生きている生き物がいる。水がない。岩塩があって岩があって底に水が溜まっている。昼間、水蒸気が上がってきて夜になると冷えてくる。水滴が毛皮の端につくから、こうして、ちゅっちゅっと吸う。すると、まるでお母さんと子どもの関係を現実に見たような感じになるから、だから私も、死海に行ったときには、死海のほとりで、お母さんのお腹の中を散策するようなね、そういうのに近づいているということはあるわけですよ。そんなことがね、花電車のときも仏の行列のときにも、いつも交錯してるわけですよ。

金　感情的には、深いところの感情っていうんですか。

大野　そうですね、命の原点に触れたいっていう……。死海のあたりでは戦争がしょっちゅうある。だけどだれがいちばん昔から住んでいたかというと、あのものたちは穴掘って天地開闢《かいびゃく》から以来ずうっと住んでるわけですから、あなたがた、しょっちゅう戦争やってんだけと、これは我々の土地だって宣言したほうがいいってくらいに、応援したい気持ちになる。

慶人　イタチを応援ね。イタチが昔、穴掘ってずうっと住んでたんですよね。

大野　イタチの一種だってことです。三年間で三回行ったんだけどねえ、三回目にようやくわかったんですよ。それまでは、何もおらないもんだと、生き物なんか住めないようなところですから。水がないしね。乾季になると花なんかもすっ飛んじゃって丸坊主になるでしょ。雨なんか降っても、ざあっと流れるだけですよ。それが、ちゃんと下のほうに岩塩があって、プールの役目をなして水が溜まるわけですよ。そして、上から地が裂けて水分がこう上がっていって、寒くなると水蒸気が水滴になって、ぐうっと。それをこうして吸っている。そんなことを考えると、もう可愛くてしょうがない。

金　それが三年目に見られたんですか？

大野　三年目に初めて姿を現したんですよ。

金　行くだけでも大変なところじゃないんですか、死海って。

大野　三百メートルか四百メートル、登っていくと、昔の戦った跡、岩塁、色々なものが残っているんですよ。戦争もあったし、色々なことがあったんですよね。隣の国はヨルダン、西のほうは地中海。

生と死の重なりの中で

金　感情的にいうと、人間の奥の感情っていうものを言ったときに、人間の悲しみとか、悲哀っていうんですか、そういうものと、愛っていうのを、大野さんのなかでは、それをしっかりと受けとめているところが、愛になってくるものを感じるんですけど。

大野　そういうところから、感情とは何か、愛とは何か。一つの生命が生命として成立したときに、億という精子のおかげがあるわけでしょう。それがいらなくなったからというのじゃなくて、重要な役割をなしている。それは生命記憶、宇宙記憶として、ぴちっとね、ここに蓄積されて、そして命とはなんであるかということを根源までいきますからね。ですから何がいったい蓄積されたかというと、感情だったわけですよ。感情というのは、例えば涙流すことだけじゃなくして、命の根源として命を大切にするということにつながってくるのです。

金　要するに犠牲ではない、ということですよね。表面的には犠牲のようでも。

大野　そうそう。だからね、母親は、命を食べさせて死へ一歩一歩近づいていくでしょ？　で、死に近づいていくのに、母親の喜びは何かっていいますと、自分の命をそそいで、そして、自分は死へ一歩一歩近づいていくけど、新たな命が誕生するわけですよ。十月十日のあの間というのはそういうときで、死と生の重なりの中で、母親の死、つまり母親の死というのは死なのかというと、死以上に喜びでもあるわけだ。死の喜びですよ。だから、新たな生命は十月十日、お母さんのお腹の中で死と生の重なりの中で生活する。人間がオギャア！　と産まれたときすでにその命は、死と生を体験した命だというふうに……。だから、胎内回帰ってこともいうし、お母さんにいつもこうしてこう（ひっついていく仕草）ですよ。命とつながっているわけですよ。

金　表現の話なんですけど、「悲しみ」の感情っていうのが意外と大事なんじゃないかなと思っていまして、「悲しい」とか「淋しい」とかいうのはものすごく表面的な言い方なんですけど、もっと底のほうにある、そういう何ていうんですかね、うまくいえないんですが、大野さんのお話とか表現とか観ていると、それをしっかりと抱いておられるという感じがするんですよね。その大事にする仕方というのはどういうものなんでしょうか？

大野　死と生の重なりのようなね、例えばお母さんのお腹の中ではいつも一つだったんだけど。私の体験したいちばん感動的だったのは、昔、土方巽（舞踏家）さんと一緒に公演したときに、舞台でやったことは何やったのかわからなかったのに、退場するときに、死と生の重なりっていうようななかで、いつのまにか、こういうふうに歩みを続けていたんですよ。単純ながらね、それは喜びでもあるし悲しみでもあるし、死と生の間《はざま》でもある。それが何十年たっても忘れられないで残っておるわけですよ。

金　そういう感じで、片一方が死であったり、片一方が生であったりというふうに性質の違う土方さんと大野さんの出会いですね。

大野　お母さんのお腹の中で、死と生の重なりの中で体験に体験を積んでずうっと生きてきましたからね。ですからそのことが、忘れられない。

「わたしのお母さん」

慶人　大野一雄の母親は秋田から函館へ、網元の家に嫁いで、十人の子どもを作って、それで、そのうちの一人の子どもが函館で初めて電車が通ったその日にお祝いの花電車に轢かれたんです。

金　ああ、その話だったんですか。

慶人　ええ。そのときに、ちょうど子どもの死と時を同じくして仏様の行列を見たということで、そのあと非常に信心深くなりましてね。やがてその家も魚が獲れないことが十年続いて破綻してしまって、秋田の妹の家（母の妹の嫁ぎ先）に自分の子どもを全員勉強に行かせたんですよね。自分の元を離してね。僕も物心ついて初めてそのお祖母さんを知ったときは、ほんとに信心深くて、毎日お寺に連れていかれるんですよ。戦争中ですから親父も出征していないし、いつもお寺へ連れていかれて一日四、五時間は拝んでる。それが亡くなるまで続いていた人なんですよ。その祖母の影響というのを強く受けてたし、子どもを手元から離すということはたいへんなことだったと思うんですけど、それを敢えて妹のところへやったんです。

金　大野さんのお母さんは小さいときに亡くなられたんではないんですか？

慶人　ここの家に来てから亡くなりました。生き別れというか、祖母の妹のところに祖父が子どもたちを預けたんです。経済的に破綻した家では教育ができないということで。若いときに離れ離れに生活したということです。でも、戦後はずっと一緒にいまして、ここ横浜で亡くなりました。

金　離れたのは大野さんがおいくつのときなんですか？

慶人　中学一年生のとき。

金　ああ、中学一年のときに函館から離されたわけですね。小学校までは一緒で中学からは親元を離れて、また戦後に一緒になって、ここで亡くなったときは大野さんが六十代だったから、八十越えてたんじゃない？

慶人　そうですね。昭和三十六年です。

金　それじゃ、もう舞踏は始めておられた。

慶人　お祖母さんがいたときに？　そうですね。関心持ってましたよ、すごく。

金　大野さんの作品を見に行かれたことはないんですか？

慶人　もう来られなかったろうね。こっち来てからは。家にはいたんですけどね。

金　「子どもが熱を出しているときに、お母さんが頭を撫でる、だいじょうぶだいじょうぶといって頭を撫でるんだけど、本当は子どもが親を撫でているのかもわからない」っていう話がありましたよね。

大野　あれは死ぬ前です。死ぬ前の晩あたり。「元気出しなさい、大丈夫だから」なんてそんな気休めの言葉なんて言えないですから、一言もしゃべれないですよ。できることは頭撫でてやること。で、頭撫でてやっておったんだけど、実際、お母さんが私の頭を撫でてくれておったんだと。そして死ぬ前に、

「私の身体の中を鰈《かれい》が泳いでいる」という言葉をポッと言ったんですけど。

金 その話、読ませていただきました。

大野 鰈は白と黒でしょ。表が黒く中が白になるまで必死になって砂の中に潜っていて、眼だけこう出して、そして宇宙を見ている。魂ですよ、魂に触れる。始めはそれが遺言だとは思わなかった。二、三年経ってから、鰈は耐えに耐えて砂の中に潜って、何かあるときには、こういうふうに（縦に）は泳がれないわけですよ。こう（横に）でしょう。すると大地が持ち上がって、砂、挨、それがパァっとなるでしょう？ というようなことを思い起こして、私に対する遺言だなと。必死になって耐えに耐えていよいよ、泳ぐときにはわぁっと大地を蹴る、そういうふうにして踊りをしなさいと、こういうことにね、亡くなってから二年ぐらいしてから気がついたんですよ。

母親は料理が巧くてね、アルヘンチーナは天地創造の踊り、私の母親の作る料理は天地創造の技だと、これも同じです。外国へ行っても、これほど美味しい料理は食べたことがない、それほど美味しい料理を作れた。子どものために、食べさせようと必死になって作ってくれたものですよ。それから夢ですが、手の中をね、毛虫が這ってくるんですよ。亡くなってから三年か四年経ってから。そしてその毛虫を夢の中で、だれの子かわからないけど、見たとき、お母さんだ！と。「お母さん！」と絶叫した。母親をなんでお母さんと呼んだか、いつも「かあちゃん、かあちゃん」だった。それが夢の中では、「お母さん！」と絶叫した。母親を見て「お母さん」と絶叫したのは生まれて初めてのことですよ。そして、それが、いくらこうやっても手から落ちないんですよ。小さい体に眼が爛々としてさ、毛がピンと立って、生き生きと活きがいいんですよ。こういうふうにね、生き生きと踊りをしないとだめだよっていうふうに教えられた実感が残っているんですよ。

金　手がお母さんだったんですか？　毛虫が？

大野　毛虫がお母さん。手は、仏の手か何かの手ですよ。私があまりわがままだったんで、とうとう毛虫になるまで母を追い込んでしまったんです。そういう夢ってのは、まあ、蝶のやつと毛虫のやつ、これは生涯における二回の大切な体験でした。しょっちゅう見るわけではないですよ。後にも先にも、回だけ。

慶人　どんなにやっても、やっぱり〝私のお母さん〟は乗り越えられませんよ。どんなにあがいても。『わたしのお母さん』って作品を、今度また踊りますけどね。いつも言うんですよ。まだまだお祖母ちゃんには遠い遠いよって。

存在の基本的な問題へ

慶人　こないだ、劇団態変の公演を拝見してましてね、僕も、一月の公演のことがあるから、どういうところにどう絡んでいけるか、出ていけるかなということをね、そういう眼で、自分の中で少し考えていたんですけど。不思議なんですけど、例えば大野一雄の場合は、どこへ出てってもおかしくない。そういう感じで見ていたんですよ。この人はね、どこへでも出ていける人だと。僕たちみたいなのは、ふだんの練習でも、やっぱり形にとらわれてね、型から入っていくようなところがまだあるんですよね。でもうちの父親は、「形のことなんて何もいらない」と常々生徒に言ってるんですよね。魂が大事なんで、魂が先行すれば、形はついてくるもんだって言ってるわけなんですよね。生徒の指導に対しても、形の指導なんてのはまったくしないんですよね。昔はよくしてたんですけどね。昔っていうか、舞踏が始まる以前、モダンダンスをしてたときには、僕も中学生のころからずいぶんと形のことは言われたんです。

ときどき稽古場の生徒にも言うことがあるんですけど、「金さんたちは、指一本動かせば自分たちの宇宙が表現できるという想いがあって」と。私たちは、どうもいわゆるよぶんな動きばっかり多くてですね、一つも魂を撃ってくれる動きというものが出てこない。で、そういうときについ、「だめだ」って言ってしまうんですがね。これはむずかしいことなんですけど、例えば立ってても、床にあっても、そこに存在しているという存在の基本的な問題ですね。そこに在るということ。

この夏に稽古したのが、俵屋宗達《たわらやそうたつ》の「蓮池水禽《れんちすいきん》」。蓮の池を描いた絵があるんですよね。そこに花と鳥が描いてあるんですけど、何羽かの一羽がまさに飛び立たんとしている。で、花も色々咲いているんですけど、蓮の花は咲いて三日目に散るそうです。まさにその散らんとする花が描いてあるんですよね。で、鳥は飛び立とうとしている。非常に危ういところで緊張関係があるんですね。だから美しいんだっていうものがあるんですね。これこそまさに舞踏の世界なんだと。そういうところに立ってるか立ってないかということが大事であって、それが舞踏とほかの踊りの違うところなんだと……。

人間って楽できれば楽できるにこしたことはないですけどね。だけども、そういうところに常に自分の方向が、身体が向いていかなくなっちゃったら、もう舞踏をする必要はないんだということをですね、今年の夏はずっとテーマにしてね、練習してたんです。そういう存在の原点、常に我々も危ういところに立つというのは、やはり、何がいちばん大切かというと、生きてるっていうか、我々のやっていることが、人間の本当に生きていることとの緊張関係がない。それがないことが、いちばんいまの問題じゃないか。例えば、美しいとか美しくないとか、あるいは芸術だとか芸術的じゃないとか、そういうようなことばっかりにいってしまってね、じゃあ、「我々は本当は何のためにこんなことをしなければならないのか」っていうときにですね、大野一雄の「命を大切に」っていうことと、ポンとつながってくる。

金　態変の役者が舞台に立つという必然性というか、役者の身体表現なんですけど、絶妙のバランス、緊張感というか、成り立っている必然性というのが体で伝わってくるというのがある。私なんか、そこがきれいだと思うんですよね。

だけども、そういう瞬間をあんまり人は見ていないし、そういうところがいいのだとは思われてませんよね。ですから、それを役者自身が自分で意識して、そこが凄いんだということを意識してやっていくような練習をやっているんです。自分の体のことは自分がいちばんわからない。他人に見てもらって、言ってもらって初めてわかる。そういうところで、いま言った絶妙のバランスっていうか緊張感なり、身体がそっちへ向いていく必然性みたいなのが出てくるってところ、それってすごいということを、まず練習で色々言っていくんです。

それが単に観客が観慣れていないから、たまに観たらはっとする場面をつくる、みたいになってしまうとね、要するに慣れてしまったらまた消耗品で、「次、次」と摸索していく対象でしかなくなってしまうと、何も意味がなくなる。

まだやっぱり、そういう体に関する未知なる部分を障碍者の役者は持ってると思うんですよね。それに、舞台にのぼって一般の観衆の目の前に現れることも少ないんで、そのへんでは、始めは驚きを持って、すごくドキッとして新鮮なものってあると思うんですけど、それも眼が慣れてきたり、見方がある程度わかってくると、それも一つの「慣れ」になってしまう。そういう次から次という新しいものを求めるものなのか、それと同じような表現としてあるのか、っていうのが、いまやっていて、考え込むところなんです。

　身体的な特異性っていうか、そのことをいかにつかむかが役者としての問題なんですけど。

慶人　僕らも今年は、ちょっと海外公演も控えてじっくりと勉強し直さなければだめだぞって言った。それは、自分たちももう消耗し尽くしちゃっていた、ある意味でマンネリ化してるんで、じっくり勉強し直そうってこと。まあ、父親と私の思いはちょっと違うと思うんですね。僕なんてどっちかっていうと、やはり様式性っていうんですか、「生身じゃだめなんだ、自分の感情で動いてちゃだめなんだ」と。「そこに何か世界が表現されてなければだめ。ただ悲しんで、悲しいとか、それだけじゃだめなんだ」と。それがなければだめだけれども、それだけでもだめなんだと。それから、何か表現にならなきゃだめなんだっていう思いがあって、そのへんのところでやり取りしながらね。投げ出した人もいましたけど、「やっぱ自分にはできない、思う通りにやらせてくれ」と。

金　ああ、ああ、ああ。

慶人　「それはいいよ、だけど、いくら嘆き悲しんでいたって、それだけじゃあなたの問題で終ってしまうから、もっとそれを昇華した形で、様式つまり形を発見する、それが勝負なんだよ」って言うんですけどね。

形と魂

慶人　今度九月九日に十三人ばかり、その後で僕と大野一雄が加わって十五人で、十三人の方々に「今度は一人ひとりがソロです。そのためには手助けはします」と。一カ月半でしたか　もう一度自分自身を見直して、一人ひとりが違う踊りを創り出しました。そりゃそうですよね、みんな一人ひとり違うんですよね。態変の方々もそういう意味では、一人ひとり違いますよね。

金　一人ひとりの違いということでは、ふつう出そうとしないとなかなか出ない。というか、特徴がはっきりしてますから、一人ひとりの形の違いとか、本来人間はそれだけバリエーションがあるんだということが、障碍者だからではなくって、健常者でも本来はそれだけのバリエーションがあるんだという意味だと思うんですけどね。

慶人　それが切実でないもんですから、「みんなそろえば何かできるんじゃないか」っていう考え方についいっちゃうんだけど。

金　それは態変も（笑）

慶人　それをもう一歩一歩、「みんな大事なんだからもう一回やってくれ」と。それはかけがえなく大事ですよ、一人ひとりしか持ってないものは、それがどんなに小さくても、世界の中でも大事なんだ、いらないってものはないんだ。この夏はそういう体験をした。大野一雄と僕とのこれまでやってきた作業というのも、ある意味では、これからどういう新しい展開をしていったらいいのかなということ。あまりにも形でない、あるいは魂といったもので、これまでこうビタッとやってきてしまったわけですね。

そうでなくて、「そういうものは言うに言われない、もっと深い関係というものがあるんだ」ということに、私自身は変わってきたんですね。「形だ、形だ」と言うのが自分でもいやになってきた。

金　ということは、始めは、まあ始めも終わりもそうなんでしょうけど、二つの要素は絶対必要で。

慶人　うん、必要なんですけど、あるところにくると、二つ分け隔てられて、できなくなってくる。

金　その、魂、つまり自分を出すだけでなくて、出したい魂を引っ張ってくるみたいな、引っ張り出す、引きずってくる。それは、自分のものではないかもしれないし、もちろん自分のものでないものを出したいということとのほうが願望としてあると思うんですけどね。

慶人　あるいは、自分の個としての体験を、それだけでなくて、もうすこしこう普遍的っていうんですかね、すべての宇宙の問題としてできるか、そのために練習はあるんですから。自分が自分のために今日の感情をやっているんだったら、それはそこで十分やって気持ちよくなって帰れば、人に迷惑をかけないことだし、かまいませんよ。しかしそこを越えるために、もう少し芸術的な表現をもってくるために必死にもがいているわけだし。態変の方もそうだと思うんですよ。単に自分の中にあるものをやっているのではなくて、何かもう一つ、もっと激しいものだとか、美しいものだとか、そういうものに昇華させる。そのために、観てもらうに耐えられるものにしようと一生懸命やる。自分で稽古場でやるものと人に観てもらうものと、その違いがどうなのかということを発見しなくてはだめだと思う。自分自身もそうなんですけどね。恥ずかしい存在で、「何もやってこれなかったな」という思いがあるんです。自分自身これからやっぱり、そういうふうに人の前に出て行って踊りたいと。頭のなかで研究しているだけでは、どうしようもないんでね。

金　現実的には、やってこられましたでしょ。

慶人　大野一雄と一緒にやってますと、どっちかっていうと、絵ができてから額縁をつけるっていうか、「絵の邪魔にならないような額縁でいい」というポジションで、絵の中に組み込んでいくということはなかなかできなかったんですよ。一緒に踊って、「こう近づいていって、こうしてくれよ」と言われると、「それはできないよ」と断ったりして（笑）。「自分でちゃんと考えるから」と、一緒であって決して一緒でない、というような踊り方をしてきたんですね。まあ、生きているんだから、それはっかりじゃなんだな、額縁ばっかりじゃしょうがないなあって（笑）。

金　以前、額縁を持って回る場面がありましたけど。

慶人　あれはその極まりで、あれで最後にするっていうのが僕の中にあるのかもしれませんね（笑）。「額縁の踊り」って冗談半分にいってきたんですけど。

金　例えば態変と一月にやるときは額縁ではありえないですね。

慶人　そうですね、それはありえない。いままでの舞踏っていうと、頭を剃って白塗りにして、それは一つは「死の側から死を見る、それが舞踏だ」といったことを言いながら、白塗りにするのは筋肉的なものを全部なくして、自分の肉体の認識が神経だけでいいんじゃないかというわけです。その前にやっていたのは、むしろ茶色く塗りまして、オリーブ油をつけて、外国人に負けるものかという（笑）。戦後すぐはそうだったんですよ、負けちゃいけないっていうこと。

金　戦後ですか。

慶人　一九五九年に（『禁色』などを）始めたころはですね、三島由紀夫なんかがさかんにボディビルやってて、「文学者なんか青くさいとだめだ、もっと筋肉をつけよう」と。世の中がボディビルやったりボクシングやったり、身体に対するコンプレックスをなんとか取り払おうとした。でも、結果を言うと虚しいんだ。それだと肉体だけになってしまうから、やはり魂の問題を考えたときは、自分たちのいままでの歴史があるんだから、風土とかいろんな中へもう一度帰っていこうと改めたんです。

そういう意味では、白塗りで死の側から生を見るんだということも、ずいぶんやりました。十年もやりますと、もっと命、「生きていることが尊いんだ」ということになってね。今年は「春だ、春だ、春だ」っていう踊りを踊ったんですけど。

金　待ち遠しかったですよね、今年の春は。

慶人　ええ。そういうほうに少し自分は、生というものにまともに取り組んでみたいなという気持ちがしているんです。

金　そのときは白塗りではないんですか。

慶人　そうですね、薄く白塗りしましたね。髪は伸ばしてましたけど。これからどうしようかなと思ってまして、もう少し髪は伸ばして薄い白塗りですね。そのほうが繊細さが遠くでも見える。

金　ちょっと感じがだいぶん変わりますね。

慶人　そうですね。態変の方も薄く白塗りしてみると変わってくるかもしれません。タイツの色もきれいですけどね。

金　白塗りをするのは大変ですから（笑）。それに、一人ずつ塗ると落とすのが大変ですよね。

慶人　そう、落とすのが大変なんです。

金　ちょっとそれは（笑）。

慶人　いや、本当にむずかしくって。これから本当にやり直さなくてはならないと、つくづく思いましてね。大野一雄も八十九歳になるしね。もう、そう何年も踊れるわけじゃないし、こちらもやっぱり年齢的にはあせりを感じますよ。

金　おいくつなんですか。

慶人　僕、五十七歳になりました。あと三年で六十になるから、六十代っていうのは、むしろ静かにしているっていうか、人の前にはあまり出ずに、一生懸命、勉強していようと。我々にとって修業というのは、そのぐらいの時間があっても何もおかしくないしね。

金　慶人さんは、「大野一雄とは正反対をやっている」と言われてましたけど、やっぱり重なってくるところが、それこそ六十代、七十代で出てくるのでは。

慶人　重なってくるときがね。なんかそういう気がしますね。どうしようもないものが。中学生のころからある意味では習ってましたからね。形のこととか。

金　大変ですね。でも楽しみです。今日は長い間つきあっていただきまして、どうもありがとうございました。

（一九九五年十二月）

宇宙の記憶

大野慶人×金満里

Yoshito Ohno, Manri Kim

舞踏のこと

金　大野一雄先生の表現に触れさせていただいて思うのは、魂と体が一体になったその瞬間にずうっと入っていかれるんです。そこにいかないと体は動かない。その魂の移行の仕方が絶妙だと思うんです。理屈とか方法論で教えることができないことで、非常に感動しました。

意外なことに、態変がヨーロッパに行くと、舞踏という一つのジャンルにあてはめて理解しようとされることがよくあるんです。「いえいえ、逆に舞踏が態変を真似してるんです」と言ってるんです（笑）。土方巽さんなんかは、逆に障碍者に憧れているんじゃないか、と思ったりもします。私、実は土方さんは映画しか観たことがないんですが。

大野　確かに土方さんは、憧れたときがあるんですよ。「おもちゃ」というテーマの作品を発表したときに、三島由紀夫さんが土方さんに「面白い形だね」って言ったら、「今日、小児マヒの方をテレビで見たときに、その方の動きが、いままで自分が教えていたものとよく似ていて同じなので安心しました」と土方さんが言ったそうなんです。確かにギクシャクした動きはさせるんですよ。僕はそれまでモダンダンスを勉強してきて、なるたけ自由に動こうと思ってたのに、「固くして」と言われて、動きがギクシャクする。土方さんは「クラシックバレエは、トゥシューズを履いてそこに技術が裏打ちされて、つまりトゥシューズがあるから成立するが、では、舞踏の基礎はどこにあるのか。それは、精神に内在しているものなのだ」という言葉をパンフレットに書いておられました。

僕はそれまではそんなことは意識していなかったんだけれども、おっしゃりたかったのは、これまでは、物との関係を当たり前のものだとしてきたけど、でも決してそうじゃないんだ。大人はおもちゃを子どもに与えて、安全だと教え込んでいるもんだから、子どもがふつうにおもちゃと遊ぶ関係になってるんだけれど、実はそれをしないと、子どもはじいっとしてこういうふうにしてね（訝しげに遠巻きにおもちゃを見つめる仕草）、すぐぱっとは手が出せないで、やっといちばん遠いところから手を差し出すとかね。自分の肉体というのは、いちばん遠いところにあるものだ、と土方さんはそういう言葉で表していました。物と近い関係ではない関係で、ギクシャクした動きを与える。観客はそれを見て、肉体というものはそういうものなのかと気がつき、見直した。「ああ、肉体というものがあるんだ」と。

最初の暗黒舞踊（当初は舞踏ではなく舞踊）の七〜八年間は、ちょうど戦後、日本経済が活性化してきて、欧米から色々な文化が入ってきた時代。そうすると、みんな肉体的にコンプレックスを感じたわけです。戦争で食べ物もなくてガリガリに痩せていた体でしたから、ボディビルも流行りました。ボクシングとか、体を鍛えることにみんな夢中になりました。女性は美容室に出かけるとかね。大学野球も盛んになった。実はそれらは全部コンプレックスなんだよ、と。で、そういう人たちを呼んできて、「チャーリー菊地」だとか変な名前ついてる、こいつはボディビルダー、このひとはボクサーだ、こいつはジャズ歌手だと、みんなコンプレックス持ってる奴をただ並べて、黒光りするほどドーランを塗って、オリーブ油を塗って筋肉を強調しまして、照明を当てて黒い体、「暗体」だと。つまり「コンプレックスの肉体なんだ」という作品をつくったんです。

金　そこから、「暗黒」とついたんですか？　心の暗黒ということで？

慶人　「暗黒」というのは、人間のなかの闇の部分だったとおっしゃったんですね。そのほかにも土方さんの育った東北のことをあとで知ると、やっぱりそこには闇があったんだな。

思想と身体

司会　身体表現というと、頭で先に理屈を考えて表現につながったというよりも、体で何かやっていくうちに核心を発見する、体がそこに行ってしまった、というようなことがあるんじゃないか、と思うんです。

金　劇団態変が身体というのを発見するには、思想が必要だったと思うんですよ。「態変の身体は実体としてすごい」という声が町中にあふれていたとしても、それが価値観になるところまでが非常に大変なので、そこで意識を変えるための思想変革を置かないと、非常にしんどかったというか、できなかったと思う。戦後日本の身体表現というのも、一つはやっぱり意識を変えたいということが体の認識になった。劣等感とか屈辱感を持たされるのは身体だと思うんですよね。体が鬱屈していく。非常に小さくなっていく。身長が高い人も背中を丸めていたら小さく見えてしまうとかね。そういう身体のあり方が出てきてしまう。そのへんを身体として解放しようという一つのやり方だったのではないかなと思います。

司会　舞踏と態変がやっていることには、ある平行性みたいなものがあるような気がします。戦後すぐに日本人と欧米人を比べて、そのコンプレックスをどう解消するかということがあったわけですが、かたやバレエとかダンスができるようになるという方向もあるなかで、それはこんなにおかしいんだということを暴露していく方向性。土方さんが六〇年代の初めにやってきたことというのはアヴァンギャルドなんだけれども、ある種、破壊的なことですよね。あるときから、「こういうポジティブな身体もあるんだ」ということで東北でのことをやり始める。同じように態変がやっていることはもうちょっとスケールが大きくて、日本もヨーロッパも関係ない、近代社会一般ですよね。本当は小さくなって暮らしていかなくちゃいけない立場に追いやられる、そういうコンプレックスをひっくり返してやろうという……。

金　コンプレックスをひっくり返すだけではなくて、そのあり方に着眼したということでしょうね。アンチやプロパガンダじゃなくって、「違う形として完全にあるもの」に気がついた。だから提示の仕方の「明るい」、「暗い」が問題ではない。むしろ暗い部分というか、時間がかかって、何をしてるのかわからないというようなところで、凝視してみることが大事ということかな。やってるほうが大事というよりも、観るほうが大事というような気がしています。そうするとそれは観客にとっては単なる「行」なのか、ということを言われますが、そうではない。身体をどう認識するかということと、その認識した身体を出したいということが解放になるわけで、そのときに制約を加えてみるとか、そういうことをやらないと見つけられない。

慶人　土方さんが最初の七年間に暗黒舞踊をやられていたときには、自分が将来東北に帰るとか、日本人の身体に帰るということは、まだ、そこまでの意図は全然なかったと思う。クラシックバレエやモダンバレエなど、色々な種類のダンスを勉強されていました。そして絶対に教えなかった。教室も何もない。次々にいろんな素材を持ってきて、その素材をよく見て、できるだけ生かして、舞台に乗せていくという試みをやっていた。バレエやモダンダンスやすべてを否定するところから始まって、より身体の真実を表していったんですね。

「否定」の文化

金　七〇年代ぐらいまでは、「否定の時代だったかな」という感じがするんです。いまでも否定の価値観というものを持ち込まなければいけないと、私は思うのですが、世の中が、否定を受け入れない時代になってきているということも感じています。自己否定が流行った時代がありますが、否定は必要だと思う。特に身体というのは、決定的に楽なほうにいってしまう。ある意味、ぎりぎりまで持っていかないといけないし、極限の中で初めていい演技ができる。いつも極限の状態に持っていくというのがいちばんむずかしいわけで、そのためには、やっぱり否定なんじゃないか。肉体も精神も、だんだん極限状態にしていくなかで、初めていいものができてくる。私自身は、否定が大事だと思っているんですが、どう思われますか。

慶人　確かに体というのは楽な方向へ行きますからね。それが怖いんですよ。

司会　ユニバーサルデザインというのが流行っていますが、お年寄りでも障碍者でも一人でできるようになんて、否定の要素をできるだけ除いていこうという発想でしょ。いま「無痛社会」という言い方がありますが、社会全体が「痛み」というものを取り除く、あっちゃいけないんだっていう方向になっていて、否定という概念そのものがない。

金　身体表現というものを教えようとか、つくりだそうとしたときに、否定の部分をどう教えるのか。どんどん死語になっているという感覚をどうしていくのか。必要ないのでしょうか？

慶人　私たちがやってることというのは、「二周遅れの一等賞」なんだよ、と言う人がいます。世間では「前衛」とかなんとか言ってるけれども、そうじゃないんだ。いちばんを走ってるようだけれど、実は二周遅れてるんだ、と。そういう意味では肉体のいちばんプリミティブな部分を探していた、着目していた。よくやらされたんだけど、一〇分かけてしゃがめって言われるんですよ。そうするとね、とてもじゃないけど足が痛くなる。そして次の日は、つい楽な方向へ行きがちになる。でもそれを許さない。「そうするくらいなら辞めたほうがいい」と言われるわけです。それは、いまでもしょっちゅう思い出して、自分に課すことがあるんです。

司会　舞踏の動きそのものが、ある意味、日常の身体の否定ですよね。

慶人　そうならなければ本当はいけないんですけれどもね。

世界と身体

司会　日本の状況や世界の状況と、表現行為というのはどのように結びつくのでしょうか。

慶人　劇団態変が旗揚げした二〇年前というと、ちょうど僕が『死海』という作品を作っていたときです。大野一雄から急に「お前も出ないか」と言われて、僕もすぐに「出るよ」とさっと返事してしまって。出演する前後は、イラン・イラク戦争、イスラエルとパレスチナの紛争など日常的にテロがあったなかで、そういうことを肌で感じながら、ここらあたりでひとつ、大野一雄の信仰と芸術がどう関わったのかということを、一度踊っておく必要があるんじゃないかと思ったんです。それをテーマにしてね。ちょうどイスラエルから帰ってきた直後でしたので、「死海」というテーマを作品につけたんです。

大野一雄はそういうふうにして常に自分の内部に目を向けていきましたけれども、側にいる私はどちらかというと外に目を向けて、いろんな出来事を受けながら、「何をやっていったらいいのだろうか、芸術の役割は何だろうか」というふうに、常に外側との関わりのなかで考えた。大野一雄は内部の関わりで考えてくれる。そういう意味ではちょうどバランスが取れているんです。金滿里さんの年齢からいったって、当時は外側との関わりが相当強かったと思う。外へ発するメッセージが強かった。それに対して観客も、それなりに、ある意味激しく反応した。そういう闘いの場であったと思う。それがいまは変わってきまして、9月11日のテロとも大いに関係があったと思うのですが、「世界全体が何か共通した一つのテーマを持ち始めているのでないか」と思うんですね。あっちが悪いとか、こっちが悪いとか、もう言っていられないのではないか。むしろ一人ひとりの内部にすごい危機があって、そういう意味では、世界は人類の危機の時代じゃないかと思うんです。アメリカがどうのこうのと言ってられないくらいの危機に突入したんじゃないか、とそういう実感があります。

金　慶人さんがおっしゃったこと、「本当にそうだな」と思ったんですが、少し私と違うなと思いました。人類がみんなで一つの映像を見ているんですが、一つのことを模索しようというふうにはなかなかいっていない。私自身、それに対して、非常に焦りがあります。暴力の連鎖というか、「やられたらやり返せ。強い者が勝つ」という価値観がますます強くなっているのではないか。それがいちばんなんだという「一つ」にみんながまとまってしまいそうで、非常に危機感を持っています。もうひと皮ふた皮めくって、何か探さなくてはいけないと思うのですが、人間の本当の幸福感について考えようというふうにはいかないほど、経済的な豊かさ感が宣伝材料として使われているように思います。本当にそういうふうになっていくのでは、という危機感があるのです。

そういう風潮に対して、いちばん軋《きし》んでくるのが、身体だと思っているんです。頭は合わせていけるとしても、身体自身はその価値観に合うのかどうか。それぞれ自分の体が軋んでくるということを感じる時代になっていくのではないか。その価値観に体が軋んでいるんだと、体のほうに価値をもってその声を聞こうというふうに戻していかないと、焦って何かしないといけないと思ってしまう。その何かとは社会的に認められている方法、よりよく働けるとか、たくさん稼げるという経済効率になっていきますよね。それと相反する身体を持っていながら、どんどん身体を否定していく。体は痛みを感じなくなっていく、というのは確かだと思うんですよね。体の軋みをどんどん抑え込んでいっているので、精神が病んでいく。気づければまだましなんだけれども、気づかないようにしていくことが、非常に怖い現象なんじゃないかと思います。そういう時代の日本で、アジアの身体性というのは非常に大事になってくるんじゃないか。人間というのは一つのモラルに弱いですから、「これが正しい」というモラルがあれば、そちらのほうに引っ張られていってしまう。でも、そうじゃないんだという意識とか思想というものを、一生懸命つくっていかないといけない。それは形＝身体でつくることと、言葉としても言えるものにしていかないといけないんじゃないかと思うんです。

慶人　うちの研究所に来る方もだいぶ変わりましてね。常にいるのはイスラエルの方です。

金　イスラエルも身体表現を非常に追求していますよね。苦悩があるから身体表現があるのかと……。

慶人　いっぱい舞踊団があって、よく日本にも来られるし、継続してやっていられる。二年前も一人の女性がやってきましてね。その女性は「自分の国では、外を歩くことさえできない」と。そういうときに、自分の身体表現のテーマは何になるのかということを考えて、来られたんです。歴史の中では戦争は一時的に起こるものですよね。それがふと終わったときに、人類の文化というのは人間に生きる勇気とか力を与えていくことだろうと僕は思うから、そういうものを絶やさずに、特に戦争そのものをテーマにするのではなくて、もっと綿々と続いてきた、人間として大切なものをちゃんと残しておいたほうが、どれだけの力を人に与えられるかわからない。廃墟と化した後でも必ず木は芽を出すし、人間にとっても何か必ず大切なものがあると思って、みなさん努力されているなあと感じます。

今年の三月に目黒区立美術館で「体と出会う」というタイトルで、所蔵の明治初期の裸体のデッサンを展示してあったんです。それを見てちょっとびっくりしたんですけれども、ほとんどが農業や漁業をされている方で、体が「衰弱体」じゃないんですよね。しっかりしてるんですよ。でもとても自然なんです。スポーツで鍛えたのではない、自然と共生している体なんです。「日本人って、こんな体を持っていたのか」と感じたのです。

金 いまの若い人たちの体の形は、もうずいぶん変わってきているでしょうね。

慶人 食べるものも変わってきていますからね。それに遊ばなくなっている。鬼ごっことか、体を捩《ねじ》るなんていうこともない。子どもの半分が足の裏をやられているらしいですね。コンクリートやアスファルトの環境に体が追いついていけない。子どもの体は、まさに危機に瀕しています。目黒区立美術館のデッサンにはほっとしました。そういう意味では、日本人の体はこうだったのか。土方さんはボディービルなどを否定しながら、何かを模索していたと思うんですけどね。そういう前提があって、日本人の身体を求めて東北に行かれたんだと思うんです。

司会 おっしゃるような肉体の危機的状況があって、国際政治の状況であったり、日本で生きる我々の体に起こっていることでもあり、いろんなレベルがあるとは思うのですが、身体に非常に敏感に感じられて、それを表現に結びつけようとされるわけですよね。

金 危機的状況に対して、「心も身体もなりふり構わず、考えてることをすべて出さないと」という焦りがあるんですよね。思っていることや感じていることをむずかしく考えなくてもいい。何かを表現したいという衝動を出さないといけない時期なのかなあと。身体性というところでいえば、日本人が、本当に戦う日本人になるのかどうか。自衛隊が派遣されると言われていますが、自衛隊だけが戦えばいいというふうには、まったく思っていない。「徴兵制になったらみんな行くのか」ということなんですけれども、いまは、みんな自分のこととして考えていないからね。自分にはまったく危害が及ばないと思っているところで、実は、すごく体を失っている。本当の身体はすごく怖がっていると思うんです。そういう危機感がものすごくあります。そういうときになって、身体表現ができるかどうかということを考えてるんです。でも絶対やりたい。その次の身体表現というのは、いったいどうなるんだろうということですよね。

失ったものと記憶

司会　先ほどの話で非常に面白かったのは、土方さんが七〇年代にやったことっていうのは、ちょっと遅れてアメリカのポストモダンダンスがやった否定の作業とまるっきり同じ作業なんですよね。そういうことを経て、生まれてきた舞踊とか舞踏は、新たな身体表現を発見したわけです。これからも続いていくと思うのですが、いま、世界的に見て、できあがったバレエやダンスをそのままやっていればいい、ということはだれも思っていない。ヨーロッパ的な価値観というのは相対的なものだということにだんだん彼らも気がつき始めています。中東やインドのものと融合させるということが始まっているようなのですが、そのときにダンスというのが非常に力になりうると思うのは、演劇に比べて体の動きですから、翻訳の壁がないんですよね。観ればわかる。異文化間の関係というものを考えたときに、非常に強力な文化だなと思うんです。

慶人　「文明は色々変化しても人間は変わらない」と信じているんです。いちばんのキーワードは、我々の日常生活の中にあったものが失われつつあるということですね。それは当然身体にも影響している。例えば畳で生活しなくなって、確かに足は長くなっているかもしれないけれども、体が弱くなっている。家に柱がなくなって、背骨が伸びなくなってしまったとか、家庭の中においても、だれが大黒柱なのか希薄になってきたとかね。障子を通して柔らかい光を受けるような感性もなくしてしまった。自分の中にいちばん危機を感じてるんですけれども、そういう日常の中での関わりというものが、危機の最たるものですね。

　自分自身としては、「紙一重」を感じたはずの感性を前は日常生活で培われたのに、逆に稽古場で稽古しないとだめになってしまっている。いま、肉体の本質というものは何なのかということで、動くということにしても、歩くということにしても、土方さんは立てないということが大事だとおっしゃってたけれども、僕も最近は歩けないところから歩くということをやっていかないといけないんじゃないかと思ってるんです。

司会　大野一雄舞踏研究所には、海外からたくさん生徒さんが来られると思いますが、障子や畳や柱がないところから来られた人と接していて、何か感じられるものはありますか。

慶人　最近、「どうして舞踏に来るのかな」と改めて不思議に思うんです。「何か形を見て、それがいいと思って来るのか」とか思ってみたりするのですが。異形というか、決してなめらかではない身体や動きが、舞踏として定着しつつあるものが決していいとは思わないんです。白塗りだとか目が白黒しているとか。そういうことではないはずなんだ。

金　身体は失ったものを覚えていると思うんです。ちょっと稽古したら記憶が戻ってくる。自分が忘れていることも体を通して思い出す。頭は許容量が決まっていて、新しいものが入ってきたら、それだけのものは消えていくと思うんですけれども、身体はすべて蓄積していくという実感があります。だから生活様式が変化していっても、どこかでしっくりこないとわかっている。けれど変えられていってしまっている。そのうちに、「自分の体がもちたい根っこ」というものを探すようになってくると思う。血のルーツではなく、体自身が必ず記憶している基となるルーツ。戦争という事態で混乱して、どんどん変えていってしまわれるかもしれないけれども、でも、跡形もなく消え去ってしまったり、都合のいいように合わせていくだけというのではなく、残るものは絶対にあると思う。

自分のルーツ＝根っこを探そうという努力は、忍耐だったり集中力だったり、しんどいものですが、その価値観をちょっと取り戻したら、そんなに暗いことでもないような気がする。身体を持っているからこそ、人間はものを考えたり、摩擦が起こったりできる。そのことが「気づき」のきっかけになると思っています。身体はこれからますます大事な時代になってきている。奪われるんだけれども、それを取り戻そうとする欲求は、すごく強くなってくるんじゃないか。私自身、脆弱な身体の最たるものを持つ者として、そういうプロセスをたどってきたので。「こんなふうに動いたら気持ちよかったんだ」とか「こういう動きってしたかったんだ」とか身体が記憶してるものがすごくあるような気がしています。それを発見する一つの方法として、身体表現がある。スポーツもわざと人間の体を動かしているわけですが、身体表現というのはすごい手がかりになると思う。そういうものでしか取り戻せない社会になるかもしれないし、もしかしたらそれを通じて、頭や発想、思想も活性化していくんじゃないか。違うものを求めたい気持ちが、形にできるんじゃないか、と思うんです。

司会　ヨーロッパの哲学はすごく昔からあるんですけれども、肉体や身体をポジティブにとらえる哲学者っていうのは、戦後になるまで現れなかったんですよ。メルロ＝ポンティっていう人ですが。欲望は肉体からくるけれども、精神はそれを押さえなければならないとかいうのはあったけど、身体をポジティブに語る哲学っていうのは、まだ一〇〇年もたっていない。いまもみながみな気がついているわけではない。哲学っていうのはある種、文明の形なんですよね。哲学者が身体に全然気がついていなかったっていうのは、本当に恐ろしい話です。金さんたちがやってることを見て哲学者は学ぶわけですよ。ダンスの観客も少しずつではあるけれども増えていってるみたいだし、身体の重要性に気がついている人は増えているみたいですね。

慶人　僕なんか、ある意味、よけいなことばっかりやってきたんですよ。若いころは体が動くからサッカーをやったり、モダンダンスをやったり、クラシックもやってみようかとやってみても全然だめなわけです。次にパントマイムを七年くらいやったりした。そういう身体の外側へ外側へ走っていってたんです。いま、初めてそういう体でなくなってきたことから、自分の本当の身体や本当にやりたいことはどうなるんだろうかと、呪縛から解放されるときに、少しづつ身体が解き放たれていくんです。逆に言うと、可能性がなくなってきたことで、だんだん自由になってきてる感じがするんです。「もしかしたら全然変わってくるかもしれないな」と思ってるんです。

魂・核・身体

金　私は、「人間の形は変わってくるかもしれない、足がなくなったり、手もいらなくなるかもしれない」と思っているんですよ。いまは固定観念で人間という形を認識しているだけで、便宜上なくなっていったほうがいい部分は退化していくかもしれない。そしたら最後まで残るのは何かって言ったら、魂ではないかと思うんですよね。魂を探しているということに、みんな気づき始めている。「魂」と言うのは簡単ですが、何なのかはわからなくなってる。「個人の核、それをつかめ」ということをよく言うんですけれども、それとルーツっていうのは共通してるのかなと思う。欧米の場合は、その「核」というものをどういうふうに言うのかはよくわからないんですけれども、身体表現を教えたり、したり、若い介護者と話をしたりしていても、核というのは非常にむずかしいらしい。個人の個を確立している部分、自分の中心。「身体表現も芸術もそれを確かめたいということに尽きるかな」という気がしています。魂＝核とは思わないんですけれども、かなり関係していると思う。人類がいま同じ方向を見ようとしているとしたら、そのことなんじゃないかと思ったりします。これからも魂の部分というのはどんどん希薄になっていくので、ますます身体を使って、「魂ってどこにあるのか、どこにありたいのか」を探していきたいんじゃないかと思うんです。そういう意味で身体表現をやりたいと思わないと、身体は動いてくれないし、ある程度まで鍛えても、年齢などの限界がきたら、途端に動いてくれなくなりますから。きっと魂を探している。

司会　それは態変の役者さんたちもそうですか。

金　そこがむずかしいんですよ（笑）。一つの形ができたら、それをやることで魂を入れられたような気になってしまう。でも本当は形ではなくて、自分一人ずつの魂を引き受けることなんですよね。だから「いたちごっこ」ですね。堂々めぐり。そのために、私がやってる研究所では、ディスカッションもすごくやります。ここからここまでという制約もなく、考えてることをバーっと出す。

慶人　おそらく誤解だと思うんですが、「大野一雄は魂が先行すれば形がついてくる。土方さんは形が先行すれば魂がついてくる」とよく言ってたんです。でも土方さんのものをよく調べてみると、同じことになっちゃってるんですよ。魂には一切を含む、それから肉体は魂と精神を含むというふうに、ちゃんと言っておられる。ここで稽古しても形がちゃんとすれば魂がついてくるかっていうと、そうはいかないんですよね。「技術は魂と精神を含む」なんていうことも言われているから、そういうことを常に研究していかないといけない。その最中です。僕は大野一雄をずっと見続けてきたものですから、それさえ見てればよかった時代がうっかりすると二〇数年。で、そういうのが不可能になった現在になって、「自分はそうだったのか」と、ふと思ったんです。でもちょうど、ここの梅の木を見ていたら、花がすっかり落ちて、そばに行ってみたらきれいな実がなってたんですよ。じつにきれいな実が。「そういうもんではないかな」と思った。気がつかなかったけれど、ちゃんと残ってるんだから、信じていかないと。そういうことをもう一回見直してみようと。前は花ばかり見て、そこに実がついていることも、見落としていたな、と。

やってみたいこと

司会　お二人の未来の表現でも状況でも「欲」を何でもお聞かせください。

慶人　最近小学生とお友だちになって、ほんの一時間ですけど、表現を見させていただきました。以前に目黒のワークショップをやっていたときにも、「体がテーマだったので来ました」ということで来られた方が多くて定員オーバーだったんです。ダンスをやってた方は一人くらい。小学校の先生が五〜六人おられて、そのうちの体育の先生が、「これからは体と魂のことについて子どもに教えていかなくちゃいけない。でも自分は体を動かすことはやってきたが、魂との関わりなんてことはわからない」と言って、ワークショップに参加して喜んでくださいました。それで学校に呼ばれて、授業の一つで見せていただいたんです。小学生が作文を書いてくださってね。

「いままでは、先生に言われたことだけやっていて、そのときは人が気になって、恥ずかしかったりしたけれど、自分のことをやればいいと言われたときに、自由になって心から動けた」というようなことを言ってくださる方が多かった。いままでは専門的になりすぎていたし、観客にも専門を期待するようなところがあったけれど、そういうものを取っぱらって、いちばん素直に共感しあえる小学生と、こちらもそういう精神に立ち返って、これからは一緒に発展していくことができるんじゃないか。そこに芸術の未来があるような気がしました。この間も学芸会を見せていただいて、涙が出るほど感動しちゃったんですよ。これは自分にとっても珍しいことだな、と。そういう何か不思議な予感がしてるんです。五月にパリに行ったときもそうでしたが、舞踊学校で三五名くらい対象でワークショップをやったんです。その後で、僕がソロ公演をやるときに、生徒たちを出していいかと頼んで、一〇分だけ一緒に踊ったんです。

群馬の桐生から話がきたときも、新しい文化施設ができたから来てくれっていう話でしたが、ただ行って観せて帰ってくるんじゃつまらないから、そこでちょっとワークショップをやって、群馬の人にも出てもらったんです。そうすれば向こうの人も喜んで、観るとか観られるとかいう関係を超えて、そこから何か新しいエネルギーが出てくるような気がしたんです。観ることは体験であるということまで掘り下げてね。地方も文化施設をいっぱい持ってますけど「観せて終わり」ではなくて、そこから何かが生まれるようなことが大切ではないか。そこの土地には伝統的なものがいっぱい残っているから。風土が人間を育てるんだから、そういうものが芸術とつながっていって初めて地方に意味があるんだなと。

アジアにある芽

慶人　僕がブラジルに行くと、ブラジルの方がこちらに来てここに泊まって、アリクイの目（舞台で使用したアリクイの人形）を稽古場に置いていかれちゃったんですよ。「何を食べさせたらいいんでしょうか」って聞くと、「それはいい稽古をすることです」と言われました（笑）。フランスでもブラジルでも新しい何かを求め始めているな、という感じがしています。肉体を通した新しい作業が、いろんなところで始まっている。やっていけば、どんどんそういうところから入っていけるな、という感じがしています。

金　私は、地球がなくなっても、宇宙の記憶として残るような身体表現を残さないといけないという使命感があって（笑）。記憶ということでは、忘れていい記憶と、残さないといけない記憶というのがあって、それがうまいことセレクトできてるのだろうかという心配はある。宇宙の藻屑と消えてもいいんですけれども、なにか記憶として残るだろうとも思っています。そのことに対して、「いま」を表現したい身体性というものをしっかりと刻んでおかないといけないなと。いろんな課題がいっぱいあると思うんで、自分だけではなくて、慶人さんがおっしゃったように、だれかが拾って残すような何かを……。自分と劇団員だけっていう範疇はもう超えています。宇宙の記憶というものの中で、身体性として何が残るんやろうと考えていかないといけない。それはまず掘り起しから始まる。

いま、「障碍者の身体か、健常者の身体か」なんてどうでもよくなっているんです。健常者の身体もすごく面白くなってきてて、態変の役者がそのうえに安穏としてたら、「すぐ蹴倒されるで～」って言ってるんです。障碍者の特権的肉体論なんていうのは幻想です。身体自身の普遍的な可能性ですから。そういうところでは健常者の身体も一緒だと思って、研究所では一緒にやってます。健常者の生徒さんが面白いんです。「これはええわ～」っていう感じなんです。やはり魂の渇望というものをしっかり抱えている人のほうがいいです。身体が渇望してるよりも（笑）。障碍者も健常者も関係なく、何か先を見たい人たちが、身体に戻ってくるというか。ちょっとつかむと、どんどん広がっていくんですよ。「生きる糧になる芸術」ということを私は思ってるんですが、そのことを本当に実践できなあかんなあと。アジアとか第三世界に行って、座敷牢や納屋に閉じ込められている障碍者もまだいっぱいいるだろうし、そういう障碍者らも掘り起こして、踊ってみたら、おもしろいかも。

司会　大野一雄先生にはいつも「宇宙の果てで会いましょう」と言われるのを思い出しました。どうもありがとうございました。

司　会：貫《ぬき》成人《しげと》

（二〇〇四年三月）

からだに惹かれ、ことばに魅せられ

竹内敏晴×金滿里

Toshiharu Takeuchi, Manr Kim

体験がすごかった

竹内　もともと東京の人間で、私のじいさんばあさんは浅草の人だから。

金　生粋の江戸っ子ですね。

竹内　お袋は吉原ですから。明治時代に廃娼令でなくなった楼の跡取りの娘だったらしい。

金　その記憶とかは？

竹内　それはないですね（笑）。私は子どものころは難聴で、中学のころにはほとんど聞こえませんでしたから、言葉がしゃべれなかった。それからだんだん聞こえるようになって、いまのように話せるようになったのは四十代の半ば。そこまでやってきたという体験や、以前は芝居もやっていましたし、そういう経験をひとつにして、レッスンを始めたということです。

金　聴覚障碍の人たちとふだんしゃべっているときには聞けない、個人の感覚というものがあるんかなと、色々想像はするんですけど。

竹内　それはしゃべることが大変です。言葉を自分のなかから出しても、人に「わからない」と言われることが多いですからね。

金　なるほど。全然聞こえなくて、音のない世界のなかでおられたわけで、その前は聞こえるとかしゃべれるという会話は覚えてはった？

竹内　いやあ、いくらか聞こえるときもあった。父親は変わった人で、自分で機械を色々工夫してね、まだ日本にはあまりなかったテープ、でなくてワイヤーでしたが、レコーダーを自分で作ってね。それで私に国語の本を読んで録音しろと言った。自分はしゃべったつもりなのにね、巻き戻しても音が全然出てこない。親父がものすごく慌てて、ぱっと今度は自分で吹き込むと、その声はちゃんと聞こえるんですよね。それで私は、「ああそうか、このくらい自分は声が出とらんのだ」というのを、そのとき初めて知りました。

障碍を意識しなかった

金　言語障碍が非常に強いＣＰ（脳性マヒ）の人たちは、社会から知的にも問題があると間違われるんですね。言葉によって人が人を認識する「言葉文化」では、言葉がしゃべりにくいということは決定的なことになって、認識されず疎外されるということがある。

ＣＰの人たちも、テープレコーダーを聞くとこんなに言語障碍がすごいのかと愕然とする。でも実はＣＰ語があるんじゃないかと。言語障碍のペースでものを言う、つまり方とか、出てこない音にしても、

ＣＰ語があるということを言い出したことが、私にとっては非常に新鮮だったんですね。
私はずっと障碍者施設で育ってきたので、小さいときから重度のＣＰの友だちが多くて、その人はそういうしゃべり方だと思っている。

竹内　私自身も、子どものころには友だちとの間で言語障碍という自覚を持ったことはないですね。親ともない。子ども同士では、大人の聞き分ける言語以前、からだぐるみの言葉がある。自分でしゃべっているつもりの声というのは、思い込みと骨伝導、つまり骨で伝わってくる声で聞くわけですね。ところが口から出て耳から入ってくる音を聞き分けるという訓練がない。だから耳が聞こえるようになってから、自分の声が聞こえるようになるまで、とても時間がかかりましたね。

違う文法が迫力を持つ

金　自分の声を外から聞くということ自体がまた訓練なんですね。

竹内　そうですね。音の聞こえ初めは、こうやって金さんがしゃべっていても、これが金さんの声だとわからないわけ。まわりのいろんな音が、みんな一緒に入ってくるだけで、「これが人の声だ」なんていう認識がそもそもないわけです。それが人と付き合って、「あの人の口が動くからあの人の声だ」とか、肩をポンと叩かれて呼びかけられることで、この人はこういう声だとか、そういう相手の体とのつながり合いでやっとその人の言葉だということがわかってくる。そうするといろんな音の中からその人の言葉が浮かび上がってくる。これがこの人の声だということが聞こえてくるまでに時間がかかるわけです。

金　しゃべりにくいとかしゃべれないと思っていることとの違い、差というのは、世間が思っているのと私自身が認識しているのとは違うということに、しゃべれる側として気づかされるんです。「自分らはＣＰ話をしゃべっとるんじゃ」と言われたことで、障碍というものが形としてだけでなく発しているものが出てきてるんやと、ものすごくよくわかった言葉だったんですね。

それが文化だということに気づくまでには道のりがあった。障碍者の側で理論構築ができないということがあって。そのことをすごく竹内さんの立場でやってきておられるのではないかと思っているんです。

竹内　やっと自分がしゃべり始めるようになっても、ようわからんと言われるんですよ。それは発音がはっきりせんとか用語が適当でないだけじゃなく、日本語としての文法にならんのですね。子どものときによく聞こえなかった子どもには文法が身につかんという考え方が言語学にはあるみたいです。文法が全然違うわけです。ＣＰ語だったらまた文法が違う。その違う文法がどれだけ迫力を持つかということだと思うんですね。

それとね、僕はいま、こうやってしゃべれる言葉の世界、文学や哲学などがあるじゃないですか。そういうのがわかることはわかるんだけど、どこかで自分と離れているという感じがするわけね。自分のからだが動いて、自分のからだの中からやっと出てきた言葉というのだけが自分にはリアリティがある。でも一般の社会で使われている言葉はもっと抽象度が高い。それをいったん自分の中で動く言葉に引き戻さないと、自分の実感にならない。

在日の言葉

金　実感を通してしか言葉がリアリティを持つものとしては出てこないという感じは、私もよくあります。

　私自身がもうひとつ持った経験というのは在日一世の母親なんですね。戦争中ほとんど日本語をしゃべれなくても日本で生活できたという特殊な環境にいたんです。母親の言葉は朝鮮語ばっかりなんですね。その朝鮮語を聞きながら私が答える言葉は日本語。母親は一〇人の子どもがいて、いちばん上の子に話しかけるのは八〇~九〇％朝鮮語で、末っ子の私になると五〇％ずつ日本語と朝鮮語を混ぜるんですよね。そういうふうに、子どもに合わせて一生懸命に片言で日本語をしゃべるんです。その日本語がまたリアリティがある。母親が間違った日本語をしゃべってても、それがすごくリアリティがあって、それしか言いようがないというのがよくわかるんですね。

　例えば、母親がよく使っていた「コソハダ」という言葉があるんです。「香ばしい」という意味の朝鮮語で、香りがあっておいしいという感じでよく使うんですが、それを日本語で言おうとして間違って「こそばい」と言うんです（笑）。

竹内　それは話がだいぶ違うな（笑）。

金　でもその「こそばい」という感覚がとてもよく合っている。「コソハダ」という朝鮮語の味の感覚が、口に含んだときになんとなくこそばいような、おいしいような。私にとっては「こそばい」というのは「香ばしい」でしかないんですね。

竹内　なるほどね。そういう言葉が生まれてくるんだね。

金　生まれてくるんです。在日二世はそういう体験で、自分にしかない言葉というのが結構あるんです。

説明から表現へ

竹内　私は「からだ」という言葉を使うんですけど、初めて本を出したときにひらがなで「からだ」と書いたら「身体」という漢字に直されたわけね。そのころは文章で「からだ」と書くことはほとんどなかった。

「からだ」という言葉はもともと、中身がからっぽのものを「から」というのと同じなんですよね。自分の中がいっぺんからっぽにならないと言葉にならないわけですよ。だから僕はひらがなで「からだ」を押し通してきているわけです。

みんなは文章で「身体」と書きますよね。「身体」という言葉とふだん自分が言っている「からだ」という言葉は全然違っているんだけど、言葉の自由な人はそれを平気で使っているでしょう。僕にはできないんですね。「からだ」と「身体」を使い分けると、とたんに「身体」はなんだかわからなくなってどこかに行ってってしまう。

私にはそういう言葉がたくさんあって、例えば「国家」なんて言葉はいまだにしゃべれない。「国」と「家」がなんでくっついているのかわからないんだ（笑）。世の中の人というのは自分の実感とまったく関係のないことをたくさんしゃべるじゃないですか。「ちょっと違うんじゃないの」と。

あなたの場合は、ふつうにしゃべれるいわゆる日本語があるでしょ。ところが一方で、自分の実感としてはＣＰの言葉やお母さんの言葉の実感を組み換えているという感じですかね。
金　そうですね。造語なんかが好きで、よく使うんですね。むちゃくちゃ語みたいな感じで。
竹内　だいたい芝居の題がそうだよな。ようこんなこと言うよと思ったけど（笑）。
金　そうなんですよね。文法的にもむちゃくちゃでもいいやん、みたいな。ＣＰの場合、間《あいだ》の説明を抜いてしまうのできつくなる。自分がしゃべりにくいから早く相手に伝えようと思うと、いちいち説明してられないんで間を飛ばす。そういう癖がついてくると、端的にものは言えるけれども、非常に誤解が多い。
竹内　いまの話を聞いたら、自分がしゃべり始めたころを思い出してちょっと胸を突かれたけどね。人がわかるためには間をしゃべらんといかんでしょ。その間をどうしゃべるかというのが、ずっと私の苦労だったという気がします。だけどそれを一生懸命やっちゃうと、自分の言葉が全部説明になって、自分の表現にならなくなってだめなんですよ。
金　竹内さんの本を読ませていただいたときに、説明すればするほど、ことの本質というのが遠くなるということを書いておられて、それが私自身、障碍者運動をやって、やめるときに感じてたことだなあとすごく思ったんですね。私はしゃべれるんで言語障碍の強い人の代弁者として使われるんですね。それで重宝がられながらも、最後にはお前はＣＰじゃないじゃないということでね。自分が健常者に説明する役割で、寝たきり重度の障碍者がいかに存在として大事なのかということを、私が理論でしゃべると健常者は納得するんですよ。だけどＣＰとか言語障碍の強い人が言っても、間を抜かすんで、実態はあっても言うことができない。健常者にはなかなか入っていかない。でもそういうことをくり返していると、現実がどんどん遠くなる感じで、相手にわからそうということで、中身が薄まっていく。

竹内　わかります。向こうの理解の範囲にこっちが入っていくわけですからね。

金　ええ。向こうの理論に入ってるつもりはないのに、やはりわからせようと説明すればするほど過剰になってしまう。本当のエッセンスというのは三言ぐらいですむ話なのにね。だけど説明はいらないのかというとそうではないし。

竹内　いらないんじゃないからつらいんですよね。

金　だから、いる説明の中身というのはいったい何やねんというのがずっと私のこだわりなんですね。

竹内　それが、説明ではなくて表現ということになってきたんだろうと、お話をうかがっていて思うな。

『夕鶴』に関わって

金　竹内さん自身、山本安英さんの『夕鶴』の演出をやられて演劇もきわめてはるわけでしょう。聴覚障碍から、自分が発する言葉に対する不安ということと、次の演劇の中でたくさんの人を相手にしてせりふ芝居を追及するという、そのプロセスをお聞きしたいです。山本安英さんの演出に関わっておられたのは何年ぐらいですか。

竹内　岡倉天心の甥の岡倉士朗という私の先生がいて、戦前、新劇運動に入っていて投獄されたこともあるわけですね。その方が若いころからのつながりで山本さんとお芝居をやっていた。だから岡倉先生が演出をして、私が助手をしていたんです。歌舞伎なんかで演出もされた。始めの群集のシーンなんかは私が稽古やってんの。後から先生が来て、えらい人だけ稽古して、それを組み合わせると芝居になる

(笑)。その先生が五二歳で亡くなられてね。

金　お知り合いになって何年ぐらいだったんですか。

竹内　私が大学出たときからたいへん可愛がっていただいた。だから一〇年ぐらいですかね。先生が亡くなられた後で、『夕鶴』は先生の演出を受け継いだんだけど、ほかに新しいものもいくつかやっています。

金　山本安英さんの『夕鶴』は私も見なければいけないと思っていた矢先に、亡くなられたんです。演劇をやっている者にとっては、山本さんの『夕鶴』は見るべきだというものに、どんどんなっていましたから。

竹内　そういうものになると、危ないんですよ。はじめ東京でやったとき、わりかし当たったけれどもみんな無名だし、美しい芝居ができたなあというぐらいで大したことなかった。

長野県の呉羽紡績に行ったとき、紡績工場に女工さんがたくさんいたころですね。そこで見せるでしょう。「つう」が機屋に入って機を織っている。すると「与ひょう」が障子の外で、「覗いちゃいかんかのう、覗いちゃいかんかのう」と言うところがある。そこで「もう、なんで返事をせんのやなあ。ちょっと見るでえ」と行くわけね。すると見ている女工さんがね、総立ちになって、「見ちゃだめえ！　見ちゃだめえ！」って言うんだよ(笑)。そういう舞台と客席のつながりがあるわけね。で、与ひょうが「うーん、見ちゃいかんかのう」とか言っていると、くすくすくす、と笑うんですね。ところが私が二〇年ぶりに行ったときにいちばんびっくりしたのは、客席がシーンとして、「芸術作品を見せていただきます」という顔なんだよね。

金　そうですよねえ。私らの印象もそういう感じなんです。
竹内　だからね、「あー、おもしろい」とか「はっはっは」と笑うとか「見ちゃだめ」とかそういうのが全然ないんだよ。骨董品か何かを置かれてね、「美しいものでございます」というような感じでね。

言葉の世界を知る

金　竹内さんは山本安英さんや木下順二さんが演劇界で伝説化していったときにずっと一緒に演劇をつくっておられて、その新劇がどんどん広がっていくプロセスの途中で、新劇とは違う道を選んでこられた。なんで演劇だったのかお聞きしたいんです。
竹内　木下さんと山本さんのお二人が新劇界でいちばん優れているのが言葉に対する感性だと思うんですね。木下さんはその意味では非常に聴覚的な人なんです。せりふの原稿を書き、山本さんが読む。それを耳で聞いて直していくというような人で、言葉の美しさとかリズムを非常に大事にする人なんです。私は反対でしょ。やっとしゃべれるようになったときには舌とか口を使うのを知らないから、喉に一生懸命力を入れてかすれた声でしゃべっていた時代だったんですね。それが初めて言葉というものにそういう世界があるということを教えられました。それがいちばん大きいと思います。ただ、木下さんは聴覚的な人だけど、私はどっちかというと視覚的。だから、岡倉先生に、「竹ちゃんの演出はちょっと絵になりすぎるなあ」と言われたことがあるんです。
金　岡倉先生というのは、聴覚も視覚も両方。
竹内　両方っていうよりも、もっと自分の感性に対して非常にダイナミックというかね。岡倉天心の甥っ子だから日本の伝統的なこともよく知っているんだけど、タゴール（インドの詩人）が家に来た記憶があるような人で、かなり感覚が自由なんですよ。戦前の新劇というのはマルキシズム（マルクス主義）に固まっていて、理論でかちかちになっているでしょ。そのなかで自分の感覚を本当に大事にするもんだから、どっちかというと傍流に押しのけられていたのね。それが戦後になってぱあっと演出に花が咲く人なんですよ。

金　感性の部分は一般的には視覚と聴覚というふうに分けないと思うんですけど、竹内さんには演劇は完全に両方として見えるわけなんですね。

竹内　そうですね。私はいまでも素人の人たちと芝居やったりしますけど、やっぱり言葉というものは大事にしますよ。

金　それは言葉の持つ美しさとかエネルギーそれ自体を、こういうもんなんやということがわかる場面なり瞬間に出会ったからでしょう。私は非常に言葉に対して苦手意識があるんで、どこかで自分の本当の気持ちというのを、日本語ではしゃべりきれないんじゃないかと。私が表わしたい感情表現は、抑揚だったり音の強さだったりする。それが日本語でいいのかと。だけど日本語以外しゃべれないし聞けないんですよね。外国の音や韓国の音を聞くのは非常に好きなんですけど、言葉になると非常に苦手意識があるので、言葉で説明するとか伝えるとかはしたくないと思うんですよね。

竹内　なるほどね。きちんとした言葉にしていけばしていくほど、どこかで離れていくというのがありますね。

せりふとせりふが闘わない

金　そうですね。演劇と知り合ったときに、言葉の美しさにのめり込んでいきはったと思うんですけど、そこで言葉の重要さというのを自分の中で実感したこととというのは。

竹内　言葉がしゃべれなかったのがしゃべれるというのはどういうことというと、例えば「春」という言葉は、「は」という音と「る」という音からできていますよね。だけどどういう「は」と「る」を出せば「はる」というイメージを相手にちゃんと届けられるのか、一語一語を組み合わせてみて、「ああ、言葉が成り立った」というときがあるんですね。

金　それが演劇のせりふになると、何を伝えたいのかというのがはっきりとしてくるわけでしょう。そういう意味でせりふ芝居に魅せられるという出会いがあったこと自体がすごいことなんじゃないかなと思うんですけど。

竹内　せりふ芝居ね。私は日本の場合、せりふとせりふが闘うということにはならないと思ってます。一つのアクションとアクションがぶつかり合って、こっちが相手に働きかける。その一部として言葉があって、向こうからはね返してくることの一部として言葉があると基本的に思ってるんです。

金　それは日本の場合とおっしゃいましたが、外国では違うんですか。

竹内　少し違うと思うね。基本的には間違ってないと思うけど、立ったままで言葉と言葉でぶつかり合うということがありますね。ところが翻訳して日本語でやると、お互いの言葉が並んで出てくるだけで、言葉と言葉の喧嘩にはならない。日本の伝統なのか、歌舞伎でもそうでしょう、全部お客に向かってせりふを言う。逆に言うと、日本語で成り立つには、感情も含めてからだごとぶつかっていくときに、はっきりした言葉でしゃべる。それができるようになればおもしろいと思います。

金　しゃべっている言葉と身体というもの、それぞれがどっちかに同化されずに同時にありながら、一つのものをつくっていくということですか?

竹内　そう言ってもいいかもしれないけど、私の場合、主になるのはからだのほうです。例えばね、私は一応しゃべれるようになったときに非常にむずかしいなと思ったのは、「あ」の音なんですよ。「あー」と伸ばしていって、気を抜くと「あ」にならない。だから「あああ」を持続しようと思ったら、常に中から花が開くように意識して、「あ」を生んでいかないといけないんですね。常に瞬間、瞬間を生き生きさせるように意識することが大切なんです。

金　なるほど。舞台上で「あ」というのを持続させていくというのを、常に意識していかないといけないんですかね。

竹内　ある段階まではそうです。でも「のった」ときには、意識とは関係なしにからだが自然に生き生きとする。そこまでならないと本当に舞台で生き生きとはしないんだけど、でもそれを最初から狙ってはいけない。最初からそれを狙うと「あーぉー」になってしまう。最初は意識して自分のからだを開いていき、どこかの段階までいったときに初めて、考える間もなしにばあっとからだが動いていくんです。稽古というのはからだがそれを身につけるためにあるんであって、稽古でこういうことをやったからというのを舞台で考えていたらだめですよね。金さんの芝居なんてまったくそうでしょう。

金　私たちの芝居はせりふを同時に言うわけじゃないですからねえ。身体そのものでやっている状態でいうと、そのときに出てくる音を大事にしています。からだが先ということと、それにせりふを乗せるというのは二重に大変やなあと、せりふ芝居をやっている人たちを見ていて思います。

竹内　大変だけどもね、それは、からだと言葉がばらばらでやっているお芝居を見ているからそう思うんですよ。からだが動いた瞬間に声が出てくるというのが本当であって、お能で世阿弥なんかがやっているのは、せりふというけれども完全に歌になってるでしょう。あれは稽古して稽古して、自分のからだにそのリズムなり何なりが全部しみついている。お能では面をつけると意識が変わってしまいますからね、それを意識してしゃべろうと思ってもできるはずがない。意識が変わっても、ちゃんと声が、歌となって出てくるというふうに稽古していたんだと思います。

からだについてくる音や言葉を追求したい

金　いま、竹内さんの目指している身体から出てくる言葉やせりふというものは、いまの演劇でやっているところには全然ないということですか。

竹内　ないと思います（笑）。ある瞬間にそういうことをやっているというのは何人かいると思うんです。金さんの場合には、そのときに出てくる声というのは自然に任せるんですか?

金　ＣＰの言語障碍の人たちがしゃべる言葉のほうがいいと思うんですよね。ただそれは、「からだを動かすときに出てくる言葉」なんですよ。だからからだの動きと激しい口調というのはだいたい合ってきたりするので、からだが激しいときにゆるやかな言葉を言わすというような矛盾はないですね。そういう無理をした形では言葉を言わせることはできないなと思っている。

私たちの場合、動かしながらしゃべるというのは至難の業なんで、めったにせりふは使わないんですよ。止まってしゃべるのはしますけど、動かしながらしゃべるというのは、言葉として届かなくてもいいという前提にしなければだめなんです。

竹内　しかし動かしながらじゃないと出ない声というのもあるでしょう。それが本当に舞台表現として生きてくることがあるんじゃないですか。

金　せりふを中心に進めていかないというのはそこのところなんです。からだの次についてくる音や言葉の追求をもう少しやってみてもいいと思うんですが。

竹内　考えていくという方向は？

金　伝えたいせりふの内容が出てきますよね。そこからからだの動きをつくっていくか、またはからだの動きから出てくる音や感情の言葉を拾うか。

竹内　感情ということは、あらかじめ考えていたせりふとは違うわけですよね。あらかじめ考えていたせりふが、からだの動きのなかで出てくるという方向はあるんですか。

金　それは練習でやったことがあります。あらかじめ決めたせりふをわかるように伝えることは考えなくていい、そのときの身体と、せりふの声がとんがって観客に投げかけられる瞬間が大事なんやということで。

竹内　観客に伝えられるということをおっしゃったけれども、伝えるということは必要ですか？

金　せりふ芝居になるとそれが必要になってしまうと思うんですよ。身体表現の方法をとっているのはそのためで、直接伝わらなくても屈曲して伝わればいい、空間として表すという感じです。

竹内　舞台の上でひとつの世界を作るでしょう。それが激しい動きとか息遣いとか声とかで客席を包み込み、広がればいいんじゃないか。演出者とか作者は伝えるための作業をするけれども、役者がそれをやり始めると違っちゃうんじゃないかなあ、お客さんに伝える必要はないんじゃないかな。舞台というのは、こっちから客席の方へ投げかける方向と、逆に、お客がこっちに引っ張ってくるという方向と、その往復のなかで、なにかリアリティのあるものが成立するというのが表現だと思うんですよね。

金　せりふ芝居自体が伝えるという使命を負っているところがあるんじゃないですか。

竹内　あるかもしれない。動いているなかで声が出たりするのとは別に、止まってベラベラと伝えるせりふをしゃべったらいいんじゃないかという気もしますが。

金　最近、せりふと身体表現の合体というのが若い人たちの間で流行っているらしいんですよ。五月にエジンバラに行って見てきたのがそういう芝居でした。動くときにはダンスをしたり、せりふを言うときには止まって言う。二つを合体させて両方操れます、みたいな。

竹内　そういうのはどうでしたか?

金　全然だめですね。私はちょっと受け付けられないです。

竹内　たとえばピーター・ブルックなんかは何年も前に、動きながらしゃべるというのをやっているんです。だけど、動きのなかから言葉が出てきているわけではないんだよ、それはね。しかし、あなたがおっしゃりたいのは、からだの動きのなかから叫びが出てくる。それが言葉になっていくという形がいちばんいいということでしょう。

金　そうですね。

まだまだやりたいこと

金　竹内さんは、プロの劇団ではなくて講座やワークショップを通じてずっと素人の方々に教えておられますけど、その違いというのは何でしょう。素人の人たちのなかでやりたいこと、できることというのがあると思うんですが。

竹内　素人の人たちのなかでやれるのは、自分のなかで動いている息遣いに気づいて、感情というよりもイメージの表現として自分をちゃんと表現できるということがいちばん大きいですね。なぜかというと、ふだんはそういうことをシャットアウトした言葉ばかりを使っているわけです。自分の内的な動きとはまったく関係なしに、日常生活の情報交換の必要できちんと音を並べるということに、ものすごく慣らされているんですね。

子どもたちだって、自分が感じたことをわあっとどなるのがもともとだと思っていたら、全然そうじゃないのね。例えば歯を開けないでしゃべっている。もっと口を開けて、自分のなかの息遣いを外に出す。第一にはそれですね、いま考えるのは。

現在どんどん子どもたちが閉じこもっていくというふうになってきたのに対して、いいとか悪いとかじゃなくて、のびのびと生きられるような手伝いができたらいいなと思って、広い意味のフリースクールみたいなのを始めています。先生方が子どもと遊べるからだになれる手伝いをしようというのがひとつありますね。

それから、いままでやってきた仕事。私はしゃべれなかったから、それに対してうまくいかない事柄がどこにあるのかというのがわかっているから、そのことをもっとはっきりさせたいというのと同時に、吃音とかそのほか、そういうことで苦労している若い人たちと一緒に問題を考えて、もっと楽に自分を主張できる、しゃべれる言葉が見つかればいいなと思っています。

芝居もね、実は素人の人たちが、各自の表現のあり方を探っているというのが東京あたりであるんです。そういうのを発展させようと思ってる。いま、金さんの話をうかがって、「ああ、どこでもかしこでも重ねてみると似たようなことで苦労しているなあ」と(笑)。

つまり自分の感情をばあっと表現するところだけでやっていると、あるところで必ず限界が来て、それだけでは自分のなかでも何か足りない。それを形にするか言葉にするか、自分できちっと選んで、人にちゃんと手渡せるような形をどうやって作り出せるかね。自分で表現するだけで気持ちよかった間はいいけれども、それだけでは自分というのは本当に生きることにはならないというのが、素人なら素人なりにあって、それをどうやって見つけていったらいいのかなという手伝いは、少しやっています。二、三年たったら金さんにも見てくださいと言えるようなものができたらと思ってます。

金　身体訓練を私がして、言葉を竹内さんがしたら、結構おもしろいかも(笑)。

からだから言葉に昇華

竹内　ねえ(笑)。でも、私の場合は言葉よりも声、音ですね。それがどれだけ豊かに出てくるか。大阪の浄瑠璃は、わあっと声を出して、言葉自体はきちんとしゃべりますからね。

金　韓国のパンソリに近いですよね。こう絞るとか、ぐわぁっと言うとか。

竹内　そういうものがひとつないと言葉が跳ねていかないというか。なんか言葉にしたいということを考えたら、そういう過程はいるんじゃないですかね。僕は何十年もそこのところをやってきたという感じだから。

金　私自身は、からだのコミュニケーションですね。人は、本当はからだだけで多様なものを語っているということを感じる感性を、いかにまわりの人たちが取り戻していくかという。言葉だけに頼らないということですね。

竹内　言葉だけに頼らないとおっしゃったでしょ。言葉というのはやっぱりついてくるでしょう。そのついてくるっていう部分とね、動いているなかでからだから言葉に昇華していくプロセスというのをちゃんとやっている人がほとんどいないと私は思うんです。さっきあなたは理論という言葉をお使いになったけれども、私がたった一つ理論と言いたくなるのはそこなんですね。

言語学でそういうことをやっているのは、よくしゃべれてよく読めてよく語れる人が、その目で意識の下へ入ろうとしている。だから、意識の下で動いているものがやっと言葉になってくるというプロセスをこっちから語っている人がいないんですよ。ぜひ金さんもご自分のやり方でそれを語っていただきたいと思うな。言葉というものを完全に切ってしまうなら別ですよ。だけど、言葉とどこかでつながりをつけようと思ったときに、自分の中でなんとも言葉にならなくてうごめいているものが、どこでいったい言葉になるのか。あるいは、ベラベラしゃべっている人たちの言葉とどこかで接触するのか。そこのところを、私もつながって一緒に考えられたらいいですけども、そこを考えていただけたらありがたいです。

金　身体のほうが雄弁に語っているというところと、身体が本当に語りたいものを持っているのは身体なんだと、それを言語化するというのはひとつの置き換えが必要なだけでかたまりとしては身体なんじゃないかというのがあったんです。かつて身体よりも置き換えに走った時期がありました。

それに対して「言葉を語らせようとする身体ではなくて……」というのがアンケートのなかにあったんですね。やっぱり観客はよく観ているなと。どうしても身体で語らせてしまう。言葉を拒否しているぶん、身体に置き換えてやってしまおうとする部分がどこかにあったのかもしれないと考えたら、言葉の代替として身体があってはいけないと思っていたのに、身体を追及するとやはりそこにはまっていたと感じたときがありました。

竹内　これはいっぺん反省したらなんとかなるなんて問題じゃないと思う。社会とぶつかっている以上、絶対それにぶつかるわけですから、それは繰り返し繰り返しやるよりしょうがないですね。

金　言葉の代替として身体を使いたくないなと思いながら、行きつ戻りつでやっぱり言葉を置いてけぼりにしてきたツケはどこかで払わないといけないという感じです。こういう対談もそのひとつなんです。形としては身体表現を見せるんですけども、何をしたいんだということを、言葉としてもちゃんと説明できるようにしないといけないなと思います。

竹内　しかし、そういうところで苦労しているという話自体がなかなかわかりにくいよね。一般社会は説明してくれることを待っていますからね。からだの表現でぶつかっていくというのはある意味で挑戦、反撃ですからね。

金　どうも本当にありがとうございました。

（二〇〇一年十二月）

はみだしているからこそ

松本雄吉×金満里

Yukichi Matsumoto, Manri Kim

めちゃくちゃやる劇団

松本　金さんは維新派の芝居は？

金　初めて見たのは、『続・足の裏から冥王まで』（一九七八年）かな。それ以前から聞いていたんです。「逆さまから吊ってめちゃくちゃやりよる劇団があるで」っていうんで。うんこはするわ。

松本　それは僕だけやけどね。

金　うそ、一人だけ？

松本　うんこ食べとったんです。

司会　「荒行の時代」と言われてましたから。

金　やっぱりうんこ好きなんですか。

松本　いや、どっちか言うたら、お芝居をしたいからといって始めたわけではないからね。芝居以外のことやったらなんでもしたるとかいうことで、うんこもするし。お酒飲んでゲロを吐くとかありましたから。だから「せりふとかは恥ずかしくて、よう言わん」みたいな時期やったね、そのころは。

司会　いちばん初期というのはせりふ劇もやったんでしょ。

松本　いや、とっ走りは完全にパフォーマンス。梅田の歩道橋で葬式やったんです。六甲の山の中でみんなして裸で立って一日中遊ぶとか。

金　それを芝居として見せていたんですか。

松本　観客ゼロ。だから自分たちでやって自分たちで見る。

司会　松本さんに影響を与えたという関西の具体美術協会が有名だけと、当時は体全体を使ってアートするというか「ハプニング」と呼ばれた行為があったからね。いまでいうパフォーマンスよりもっと即興的で激しいものだったですね。

金　松本さん、何年でしたっけ？　維新派で。

松本　二七年かな。長いですよね。

司会　国宝やね。

金　いつぐらいから。

松本　二四くらいからかな。大学へは行かない大学生で在籍だけして七年間いましたからね。

金　いい時代やんね。大阪教育大だそうですね。

司会　当時は大阪学芸大と言ってましたね。どうして学芸大を選んだんですか。

松本　高校のころから絵を描いててアトリエがほしかったんです。結構広いアトリエがあって、独占できるという話だった。一人の部屋がちゃんとあって。

金　与えられるんですか。

松本　いや、もう勝手に、ここはおれのんっていって。年間で授業料五千円くらいやったから安い家賃ですよね。それも滞納してたけど。

原風景

金　ご出身は天草ですね。大阪には？

松本　小学校二年生のころから。

金　それじゃ、大阪人っていう感じですか。

松本　宮本輝のドラマ『泥の河』があるでしょ。あのあたりなんですよ。水上生活者もたくさんいましたよ。

金　私、阪大病院に入院してたから、あのドロのような川をいつも眺めて憧れてたんですよ、あの船上生活に。あんな生活したいなって。

松本　阪大病院といえば、あそこが病院をやめてから夜なんか勝手に稽古場に使っててん。しかも解剖室かなんかでね。

金　あそこ、犬の死骸とか脚とかが裏にいっぱい積んであったそうで。動物実験の残骸だったんでしょうね。

松本　ゴロゴロあったよね。

金　姉ちゃんが「あそこは動物がいっぱいおったやろ」って言うんやけど、よう覚えてへんわ。悲惨なところって覚えてへんよね、プツッて切れてて。

司会　松本さんは天草のころの記憶っていうのは。

松本　結構ありますよ。僕らのときは学校へ行くのが馬車やからね。それで馬車賃のないぐらい貧しい家だから。馬が止まってうんこするんですよ。それをバケツで拾う役。それで日当がわりに馬車代がタダ。昭和二〇年代やね、すごいよ。だから食べるものは毎朝浜へ行って金槌を持ってカキを獲って、まったく自然生活なんやから。大阪へ来て水をよう飲まんかった、一カ月ぐらい苦しんで。雨水飲んでいた。雨水の方がおいしい。カルキの匂いで殺されると思ったからね。

金　天草の原風景というのもあるんでしょ、芝居では。

松本　家が造船所だったんですよ。工場の中に住んでいたから、家庭という感じではない。いまだにそういうことを続けているので、家がないんですよ。事務所に寝かしていただいているんです。

金　段ボールで仕切って。

松本　段ボールとちゃうちゃう、ベニヤ板！　田舎の造船所なんだけど、タンカーなんかも造っていて、ほとんど鉄でしょ。子ども心に何を造っているか、いっこもわからない。おやじがそこの従業員で、スパナとか色々置いていたので、子どものころに遊んで、わからんなりに、そういうものを使う職業につきたいと。いまやっと念願かなって。

見よう見まねで

金　職業というと、「シネ・ヌーヴォ」っていう映画館の内装やってはるって聞いたけど。

松本　プランだけ僕がやって、劇団の子が五〜六人で。今度のはいい場所なんで、ちょっとおもしろく造って、儲けさせたろって。

金　趣味と実益を兼ねて。理想ですやん。いつもでかいものを造って壊すだけかと思ってたら、お金儲けもして。

松本　でも芝居の場合は跡形なく潰してサラ地に戻すけどね、映画館は造ったら残るからなんか変な感じやね。やはりデザインの世界やから。

金　松本さんはデザインを専攻してたんですか？？

松本　油絵をやっていたんだけど、いまやっていることとあまり関係ないね。

金　建築はどないして？

松本　見よう見まねで二七年やからね、プロよ。ほかにおれへんもん。

司会　一回劇場で実演（『ROMANCE』プレ公演、神戸アートビレッジセンター、一九九六年）したね、丸太のしめ方って。人間国宝もんですよ、あれ。

金　初めは飯場に行ってとか。

松本　多少はね。だれかは鉄鋼屋に行って、だれかは土方へ行くと、みんなでそれぞれ修業に行って、おいしいところを持ち帰って。

金　でも危ないことってなかったですか。

松本　ありましたよ。実はこの間も上から一人落ちてね、クモ膜下出血に。もし重症やったら公演やめようと思ったからね。幸いにもなんともなかったの。

司会　お祓いするもんやね。

金　お祓いやってるの？

松本　最近ずっとやっている。

金　信心深いやんか。

松本　いや、信心深くないんやけど、神さんにもイエスさんにも助けてもらって。

司会　スケジュール表にちゃんと地鎮祭っていうのがあるもんね。

金　それは必要やね。

松本　やらなくて神さんのせいでと思われたらね。

あほさが価値

金　今回の『南風』観に行きましたよ。やっぱり、あほさ加減から言うと、絶対にダントツやんね。維新派って。

松本　今回は九月の一日からほぼ三カ月やん。毎日火を焚いて、潮風がぶんぶん吹いて、テレビさえ見ない。ラジオも聞かない、電話もいやになってくる。本当に野外ぼけというかね。また規模もでかく造るから。今回の場合は部落の路地を造ったりしたから、そこの住民になりきるという感じやね。

金　私が態変を旗揚げしたとき、いまもやけど、あほ扱いされたけど、あほやないとそんなことできませんね。
松本　あんまり、あほあほ言っちゃいけませんよ。
金　あほというのがほめ言葉として通用するのが大阪のすごいとこやね。すごいとか超絶してるとか、そういう度肝を抜くあほさ加減に共感する大阪やからできることやね。
松本　司会者（小堀純氏）もどっかに書いていたけどね、関西にはとんでもない系譜外のものが出てくると。そういうことかな。
金　でも今回のってさ、もっと部落っていうのが出てくると思ってたけど、路地、路地っていうのしか出てこんかったから。もうちょっと出したほうがええと思って。中上健次を読んでいる人ばかりではないしさ。
松本　『奇跡』というのが原作なんやが、その前の『千年の愉楽』っていうすごく好きなのがあって。それも部落の話で、すごくユートピア性の高い文学なんです。その影響がものすごくて。だから部落っていったって、変な事故とか奇形の子が生まれたりとかいっぱいあるんやけども、それが仏さんのように、きれいに書いてあるんですよ。
金　新聞にも書いてありましたよね。神格化された少年の、その神格化の部分がもう少し足りない。
松本　「聖」ね。それを書かれたから、次の日からすぐに変えたけどね。お釈迦さんの格好にしたった。簡単なことや。中上健次というのは半分冗談で書いているんではないかという部分があって、すごい下世話やねん。その下世話が、おもしろいことにギリシャ神話とかね、ああいう古典的な奥の深い、宇宙的なって言ったらいいんかな、そういうものに下がっていくんやね。

司会　聖と俗が背中合わせになっているというかね。

松本　そのへんがやっぱり関西。

金　私もそれが好きやねん。

松本　関西弁でしかできへんというか。

金　私も態変なんかをやっているのは、芸術をやっているんではないんですよ、実は。言ってるだけで。

松本　一応言ってるんだ。

金　一応言ってて。芸術というのも下世話なひとつとして、茶化して言ってるようなもんです。「お芸術」をやって何が悪いんやって。

松本　僕が前に伊丹のアイホールで態変を観せていただいたときは、最後に金さんが座って挨拶をしたんです。

金　最後の役者紹介のことやね。

松本　それまではかっこつけて変なことをやっているんだけど、最後だけふっと客を見るときが、請求書を出すときのおばちゃんのような。

金　ひどいわ。

松本　あれが印象にあって。

司会　その請求書、高いやろね。

松本　そうそうそう。

金　そんなことないですよお。

松本　だから舞台そのものの目線、請求書の目から見てみたら、なるほどなと。僕が観たのは、悪く言えば少女趣味的な森がテーマとか、絵に描いたようなというのがあってんけど、最後のあの目でゴロッと変わって。

金　どういう意味ですか。どうせ、私は少女趣味ですよ。

松本　そのときになって初めて、「あっ、この人ちょっと立つのが難儀なんやな」って。舞台観てるときはあまり思わなかったんよ。ふと、しらふでしゃべりだしてから、「あっそうか、この人がこの舞台を考えたのか」って。またあのときってのはすごく疲れ切った表情で、「本当に面倒くさいねんけど」っていう、投げやりな目線でという感じで。

金　最近は違いますよ。最後までテンション上げてますよ。

松本　唐十郎も役者紹介なんかをするときに、客にこんなこと（宝塚の役者紹介の手の仕草）しないよね。「早く帰りたい」みたいなね、そういうふうにするのがかえって色っぽい役者に見えたりして。

身体を見つめる

松本　いっとき身体を見つめるというのを一年ぐらいね、一人ひとりを一カ月つきっきりで、裸にして立たせてジロジロ眺めるわけですよ。そんなことをして「おまえは苦労したことないやろ」とかね。だんだん体というのが不思議に見えるんです。悪く言えば障碍者的に、立つというのはどんなことかなと。すべてに懐疑的になるんですよ。そうして見たら、僕なんかの体なんて黄金率からしてみたらいちばんはずれた体やなと。そのへんからすると、どんな動きができるのかなという、ほとんど振付は僕がやっているんですが、どっちかといったらそっちの発想でね。

金 それを言うのはみんなで言うんですか、松本さんが一人で言うんですか。

松本 だからみんなで。

金 言われた人はどんなことを言うんですか。

松本 結局自分の体についてそれほど考えたことがない。自分で自分の体は見てるんだろうけれども、他人からそういうふうにして見られるということはないでしょ。とにかく変わっていく、すごく。ストリップの女の子がストリップになると奇麗になるというのは、視線を浴びるから、むだな肉がとれたりしていくのと同じで。意識してそういう目線を言葉として（自分の中で）変えて、変わっていくことがあるんやろうね。

金 障碍者って街へ行くとたいがい一人だったりするから、電車に乗ってても、人の動きというのがものすごく自分に刺さっているんではないかと。なにげなくその人はパッと動いてても、「ワッ、なんか文句あるのかな」って。例えばの話で、そんなふうに自意識過剰気味に街に出るという新鮮な体験というのはありますやん。

松本 結構やはりそういう視線はあるものなんですか。

金 ものすごくある。

司会 舞台の上での客の目線というのはどうですか。最近は意識は変わってきましたか、旗揚げのころから比べると。

金　舞台の上に上がってたらわからへん。出すばかりで、返ってくるという感じはない。ケニアに行ったときはありましたよ。みんな顔が黒いですやん。だから目がはっきりとこっち向いているってわかるんです。黒山の人だかりの中で視線というのはすごくきついんですよ。それであの人ら子どももみんな目にパワーがあるので、バシーッて観てくるから、「ああ、刺さってる」というのがわかるんだけど、でも日本だと刺さってくるくらいの視線てないですよ。電車の中でもまっすぐでパーッとくる目線というのはほんまに感じたことない。

司会　海外は最初がケニアやったんね。あそこへ行った日本の劇団って態変だけやから。

関西だからこそできた

金　でも、海外へ出る出えへん関係なく、態変も維新派も東京向いてへんていう気がしてるんですけれど。「東京にあがるんだ」という感じではなく、「こんなことをやるんや、勝手に」というところがやはり関西からの世界発信と思うんですよ。

司会　前に汐留でやってたとき（『少年街』一九九一年）に、東京のマスコミ関係の方に「維新派の〝来日公演〟だからよろしく」っていうふうに話をよくしてたんです。それぐらいインパクトがあったと思うんです。

金　例えば態変なんかね、やはり東京だと一五年間こういう形ではできへんかったやろな。いくら私の根性がきついからといって、きついだけではやはり持続できへんかったやろなっていう感じはしてるんですよ。

司会　こっちでやってていちばんよかったというのはどういうとこですか。

金　よくわからへんけど、きっと関東やったら潰されてたというのがある。芝居関係者も障碍者関係者もすごく多くて。

松本　多いよね。黒柳徹子が出てきたりするやろ。

金　「あなたこれはどういうことよ」とか「こういうふうにしなさい」っていう感じで。それとやっぱりすぐ売り物にされるっていうの、マスコミとかも、おもしろおかしくすぐ題材にしたがる。それに乗って踊ったら、まあ市場があるから踊れるやんってことで踊ってしまうだろうし。だからけっこう持続するよりも、すぐ分散させられ、割って入られ潰される。

司会　大阪はそういうことではほっといてくれる。

松本　ほっとかれすぎちゃうん。

金　もうちょっと態変もかまってほしいなって最近は思う。維新派はかまってもらってるやん。

松本　最近はね、最近ですよね。

金　例えば東京やったらまず敷地を探すのが大変なんでしょ。

松本　それは土地だけの問題だけではなくてね、さっきおっしゃったような馬鹿パワーというか、三カ月間やるような発想をまずはしないだろうからね。うちの場合だと素人っぽいやつが多いやんか。東京だともっと簡単にうまい役者は集まるやろ。そういう役者があれだけの生活をするかというと、ちょっとね。

金　若い役者というのは、関西だけやなくて地方からもやってくるんでしょ、東京からも。そういう関係をかえってなんか新しいという感じで求めているんじゃ？

松本　よその劇団の子なんかがうちに来ると、すぐ批判的な言い方をするのは、「役者にとってもあんなものおもしろくないんじゃないか」とか言うよね。みんなを同じようなことをパーパーパーパー言って、いわゆるかっこいい役者冥利につきるシーンなんてないっていうことで。

金　「もっとほかのんに出たらいいやん」って言うんやね。「オーディション受けたら」とか。

松本　できたらNHKに出たいとか有名俳優になりたいとかいう人が、下積み生活としての劇団生活というのがね。

司会　社会の中のヒエラルキーで生きているみたいなね、東京はね。どんな舞台に立っているにせよね。

松本　そういうのを言わない役者ばっかりでやっているパワーというのもまた逆にパワーがある。おそらくそういうのは東京にはないやろうな。

金　もし態変が東京やったら、ちょっとスポットが当たったら、「障碍者一人でポンと出てほかの劇団つくってもいいやん、自分らと一緒につくろうや」っていうこともあったやろね。その点、力がつく間っていうのはほっといてくれた。その間にやられてたらバラバラになってたやろな。けっこう東京ではあるんですよ。劇団をパッとつくる。「障碍者もともに一緒にやるんだ」とか言って、健常者が主導しているのが多いんですけど、そういうのは、結局障碍者は消える運命みたい。「障碍者を中心に」と言っても、健常者が入ってたら健常者が中心でやっていくんですよ。だからなかなか障碍者のペースでゆっくりでも煮詰まる、熟成するまで自分たちのペースでというほっとき方はない。

司会　大阪の場合は、生活するのにもちょうどいいような大きさだし、古い街だから文化の伝統もありますでしょ。それがやっぱりものを表現していくには、いいペースで暮らしていけるのではないかな。例えば同じような大きさでもね、昔からの伝統や文化の蓄積がなかったら、やはり街がこんなになっていなかったかもしれない。それと言葉が、よそから来た人がすんなり入っていける言葉でしょ。関西人にすぐなれるというかさ。

金　なんか「ええやんか」みたいな。そうでありながら変な人間というか、きつい人間というか、個性のある人間というのも育ってくるというか。

ふつうという感覚

金　裏方も変わってきているんでしょ。どんどん変わってきてます？

松本　うん。だんだん平坦になってきた。むずかしいことを一切避けてきて、あほばっかりやねん、本当に。

司会　若い人が増えたということですか。

松本　そういう人種が、逆に時代錯誤に陥りそうな。ひと時代前のタイプのやつが多いの。

金　年は若くても？

松本「これやったら方法は色々あるよ」とかいうようなことは一切言わない。おれらの若いときの発想で、何もかもベニヤでやろうとしたりとか。

金　でもそのへんの裏とかの見切りのことになると、長年連れ添って来た裏方のほうがいいのか、やはり頭を切り替えていかないかんのかという切れ目って、劇団にはありますよね。

松本　スタッフがおもしろがるシーンというのはほかも喜ぶんですよ。またそういうところはスタッフもものすごく力をかけるし、すごくそういう意味では正直な舞台づくりができるんです。だからかけるシーンには力をかけるし、おもろないシーンはだれもつくろうとせえへん。しゃあないから僕がそのシーンを書き直してみる。音楽もいっぱい作曲してあるんだけれども、いやな音楽は稽古せえへんやん。正直なんや。

司会　この間、毎日放送が維新派のドキュメントをしてたでしょ。あれを見たんだけど、若い役者にインタビューしてて、「いまは維新派が好きだからやってるけど、先のことはわからないよ」と言う。東京の劇団だとまず、そこの劇団にいる役者は言わないわな。そう思ってても、決して言えないような雰囲気があるよ。

松本　だいぶカットされてたけれども、編集前のを見てるねん。「松本さんをどう思いますか」、「ただのスケベおやじ」ってむちゃくちゃ言いよるで。まあそうやねんけどね。こういうことを言われる演出家もおれへんやろなって、そのへんがすごくふつうやねん。

司会　その「ふつう」という感覚が大阪の表現者の人の特長だと思いますけどね。

大阪弁の七五調がおもしろい

松本　芸術を大阪弁で、吉本っぽいやり方でやっているようなことを冗談で言ったんです。そのうちに吉本が売れてきて、大阪弁がもっている下世話さというのかね、メロディアスに作品の中で音楽的になってきて、もう少し大阪におったらできるのかなと。口承芸能というか、口伝みたいなものをもう少し勉強して、ちょっとミュージカル化したいなと。
司会　昔の俄《にわか》（江戸時代に始った即興芝居）みたいなね。
松本　そうやね。浪花節もそうやし、ものすごく七五調が好きなんよ。今回も七五調を使いまくったから、ものすごく気持ちよかった。あれって標準語でやったらおもしろくないの。七五調は大阪弁がおもしろい。
金　いまはちょっと下火やけど、ラップとかさ、東京の人とかがやってたけど、あれより先にやってたの？
司会　標準語のラップって聞いてたらはずかしいじゃない。近田春夫がやってたけと、あれってはずかしいよ。
松本　文章に書いたことをしゃべるなって感じ。
司会　聞いてられへんよね。
金　せりふを単語にして曲をつけ出したというのは、維新派が先とかいうことではないの？
司会　はい、維新派が先です。特許をとってもいいぐらい。
金　維新派が日本語のラップをやり出したというのは、東京にとってもインパクトが強くて、関東弁でやってもいいんじゃないかというのが出てきたんとちゃうんかな。
松本　あれは江州《ごうしゅう》音頭から考え出したの。七五調の、これでもかこれでもかというぐらい「か」の字づくしとかね。「き」づくしとか、「け」づくしなんてエグイもんね。ああいうのはレコードでは聞かれへんもんね。盆踊りとか公民館で聞いたりね。

金　七五調と河内音頭とはまた違うよね。

松本　また違う。ああいうのはやっぱり楽器の音を聞かされてたからね。ガチャガチャいうのはいややったからね。気味の悪い、ガラが悪くて、「民謡をエレキで弾くなんて何事や」ってね。考えられへんよね。それがこの年になるとよさがわかってきて。

金　だからやっぱり西洋のミュージカルというのにみんな毒されているやんか、いま。猫も杓子もみんなミュージカルやりたい言うて。合えへん、ちゅう感じありますやん。日本人は日本人、アジアはアジアというか。

松本　僕らもどうしても、タルコフスキーの映画のような、ああいう風景とか、映画ファンやからヨーッパのああいう風景とかに憧れるやん。そういうのもちょっとあるねん、芝居作りで。ちょっと霧がかかったような、リズムがあって変化があってと。でもやっぱり今回、中上（健次）なんかをやってみたら、基本的には大阪の下世話。それもすごく古典芸能につながるような土壌に育てられているから、もう少し意識してやっていこうかなって。

司会　下世話であると同時に言葉に現代《いま》のリズムがあるよね。

金　私らのは何やろな。

松本　舞台を見てるとやっぱりヨーロッパやと思うわ。

金　でもやってることはものすごくアジア的やと思うけどね。体そのものは横につながる感じ。上に伸びるという縦だけやなく。だから横に引っ張ってくる感じとか、横にドテッと寝る感じが好き。だから寝転がってても違和感、感じへん。縦と横をつなげられたらいいと思うけど。横やったら横ばっかりでなく、どうしても舞台設定というのがあって、縦の線を出そうとするけど、私らの体自体はやっぱり横の動きかな。

舞踏の影響？

松本　ただホールでやっていると、横の動きでもスポットライトが上からこうくるでしょ。どんな下手なことをやってても、スポットが上から落ちてきたらかっこいいよね。

金　その役者もいい気分やろうしね。

松本　そのへんがちょっと横のよさを案外だめにしてるんじゃないかな。特にアイホールではね、そういう空間は大事なところやね。

司会　江戸時代の歌舞伎の小屋って直接、光が当たらないもんね。

松本　そうだよね。踊りの場合は、例えば山海塾をやっている天児牛大《あまがつうしお》はものすごく照明と美術に気を使うんですよ。舞踏は、明かりと音楽と美術で見せていくしかない。かっこよくターンしてるからそれを見せてるわけじゃない。そのあとの一秒ぐらいのものを見せているから、それは肉体では見せられへん。照明と音楽と美術がそれを生かしていく要素として絶対に不可欠だから、ものごくうるさいの。照明には「○・一秒遅かった」とか言いよるからね。「そこは風が吹くように照明して」とか、そういう言い方をするんですよ。おれら陰で、「おい、照明って風吹くかあ」って。それでいま、岩村原太君てのがやっているんだけど、最初のころは泣いてたもん。「松本さんわかりますか、『切るような照明』とかって言うんですよ」って。

司会　陰影とかにうるさいんよ。
松本　うるさい。
司会　見ててそれは思うわ。
金　大野さんのとこもそうやもんね。
松本　そうでしょうね。
金「照明が大事だから」っていうような感じで。私らとても舞踏とはちゃうしね、態変は。ヨーロッパへ行ったら「舞踏」ってよう言われるんやけどね。「どんな影響を受けましたか?」とか。
松本　私らが与えたんやっちゅうに。
金　そう。「こっちが先にしたんです」って。
松本　先天的に。
金「先天的舞踏家です」って。舞踏っていうのはバレエに対するアンチとかね、陰影がありますからね。あるいは逆に俗っぽいものを否定して洗練されたものをね。もともと方向性がありますからね。維新派もともと舞踏ですか?
松本　舞踏っぽかったよね。結構ね、そういう要素は下敷きになっているよな。だから役によってね、背の高い女の子は舞踏っぽいことをやらせて。だから男の連中がそれをうらやましがってね。「僕らもあんなことをしたい」って。「似合わへんからやめとけ」って。
金　なんで背の高い女の子を舞踏っぽいことに。
松本　そういう役柄にたまたまなるからやろね。天女の役をやるとか死者の役とか。

職人の動きを盗む

金　軍隊というのもあるんですか、松本さんの中には。
松本　ない。
金　ダンスの中にわりと。
松本　ああファシズムっぽいな。
金　チャッチャと動き出しやすいようなリズムをつけてるというのは。
松本　ああ、そういうのはロボットみたいなものをものすごく意識しているから、文楽みたいにね。人間やから人間の役、近道するなという考え方。だから文楽の人形が一生懸命人間に近づこうとするような所作があるやんか。そういう回路を経てこじつけているところがあるので、そのへんが軍隊の動きのように見えるのかな。
金　年代的にいうと軍隊は過ぎてますよね。でもなんかそういう感じがするねん、趣味的に。
司会　ほんまは戦争とか行ってたんとちゃうの？
松本　日露のときは。(笑)
金　でも振り付けるときというのはやっぱりあの拍子というのは付けやすいんですよね。
松本　結構同じことのリフレインが好きやから。リフレインさせて発展させていくと、知らん間に変わっていくという。
司会　繰り返しのトリックみたいなものがありますよね。

松本　昔はちょっと市場なんかへ行ったら、魚屋の兄ちゃんのあの動きを盗んだれとか、豆腐を切るときの包丁の入れ方とかね、力加減とか、あの感じで動こうと。参考書みたいなヒントが飛び込んできたんだけど、最近は全然そういう感性というのがなくなって、いま稽古場で何も見ずにつくっている状態やから。

金　人間が生活の中でやっている必然的な動きというのはきれいですよね。

松本　そうやね、うん。

金　態変もわりとはっきりしているから、体の動きとして。こうしか動かれへんとか、こっちへ行くときにはこっちの手はこう振るんだとかね。ああいうのってきれいやなあ。

松本　シンプルイズベストというか。色々できへんもんね。

金　「なんでここでこの足が動くんや」というような振りが、思わぬ方向に動いてたりすると、フェイントかましてこっちとか。そういうときのバランスいうのはむだがないんですよ。

松本　美術の用語で言ったらね、彫刻にも二つあって、彫刻と彫塑があるんです。「彫塑」というのは粘土をつけるもので、「刻」というのはもともとこんなものを削ってこんなんを作ろうと。

金　彫刻ね。

松本　うん、「刻」のほうね。つけていくんじゃなくて、できることだけを探していくと。色々はできないけと。

金　だから同じ動きでも、観客にとっては「なんやまた同じ動きやん」と思われるような動きでも、私なんかは飽きへんねんけどね。これはここに絶妙に入っているんや。

台車で役者を出す

金　維新派って以前は「日本維新派」やったでしょ。なんで「日本」をとったんですか。

松本　なんかね、維新派って変な感じで、大勢でいつもバーッてやってるから、けっこう自分らのものであって自分らのものではないというところがあるんですよ。みんな勝手に腰袋さげて、台本も読まんとパンパンパンパンとものをつくったりするんです、お互い名前も知らん者同士がね。そういう人というのは勝手に維新派像というのを自分の感性でつくっている。維新派流、維新派流ってみんなが言うときにね、「日本で」とちゃうでこれは、と。

金　そうか。態変流とかいうこともあるらしくて。

松本　あるよ、それは。作品を作るたびに、作品が一つの体質を生んでいくということがだんだんあるじゃない。だからそのへんは流れに身をまかす。ようわからんねんけどね。なんとなく合言葉としてはね、金さんと同じだけど、芸術っぽいことはできるだけやめようやと。

金　やってるやん。

松本　そうかな。

金　芸術してるやん。私んところは芸術と言いながら、芸術っぽいものをやってもやらへんでもどっちでもいいんとちゃうって思っているんですけど。

司会　だからよくおれは（維新派は）「大演劇」って言うんだよね。「大日本帝国」の「大」じゃないけど、「大」をつけるとある種、ちょっと大時代的というか。表現がちょっと突き抜けた感じがしますでしょ。まあ、絶対、「小劇場」ではないわけだし。

金　あれぐらいのセットで本当に見せるということになると、毎回毎回どういう構想してるんやろ。どういう頭をしてるんやろと。

松本　一つの作品をつくったら、それが教えてくれるというか、セオリーみたいなんがあって。例えば、「下手な鉄砲、数打ちゃ当たる」というんやないけれども、一つかっこいいものをつくるんやったら、しょうもないものでも一〇〇個ぐらいつくって並べたほうがおもしろいとか。

金　奥から風景を出してくるための幅と奥行き。あれだけの舞台を支えてる裏方は人数的にはすごいんでしょう。

松本　今回の舞台は出演者が三九名で裏方が四〇人ぐらいかな。

金　訓練やってるんですか。

松本　それはすごいよ。ここからここまで何秒で走れとか。

金　すごくきっちり決めへんかったらあんだけのものはできへんやろね。

松本　だからリハーサルが大変なんよね。最近はうまくなったけどね。昔は初日ようこけたりしてね。

金　そうやろね。

松本　態変もすごく動いているよね。歌舞伎の黒子さんが動いているような感じですよね。

金　文楽の人形使いみたいな感じでしょ。

松本　大事に扱っているという感じ。うちのスタッフは乱暴やから。

金　道具を扱うのと違う。直接人間ですからね。

松本　あれはおもしろいなと思ったわ。態変は役者を抱えて出てくるやんか、黒子さんが。僕がいちばん最初に芝居を体験したのはね、ベケットの『ゴドーを待ちながら』なんですけど、冒頭に無理やり出されるようなところがある。「いやや、いやや」言うてる年寄りの役者を後ろから足で蹴って、出ていかしたものの、自分には芸がないから何ぞやらないかんというようなね。実は舞台というのは非常に暇で退屈なもので、無理やり出されたから何かしないとしゃあない。その時間と空間を埋めるのがベケットの演劇だという、それに近いような話で。自分の意志で出てきたんではなくて……。

金　いつも何かを待っているんだ、こんなはずではなかったんだと。実感ですね。

松本　おもしろいなと思って。文楽の人形なんかもそうやろね、無理やり。

金　台車で役者を出すというのもやりました。横から押していくんですよ。台車の上からコロンと転がって位置につくわけですよ。それから台車を引っこめるんです。

松本　それおもしろいな。

金　今度は維新派に態変の野外劇をやってもらいたいんですよ。

松本　それは大変やな。

金　客席を動かすというのはどうですか?

松本　そういう客席を作って、イタリアかどこかで、お客さんを船の上に乗せて、その船を引っ張っていうのがあったな。

金　維新派と態変の野外演劇。態変なんかが出ると、遠くでやるときというのは寝たきりは不利やん、見えにくいし。だから遠近法を使ったでかい野外の見せ方というのは、障碍者だけやったら無理やろな。

健常者も一緒に出るような芝居でないと無理やろな。

司　会：小堀純《こぼりじゅん》
（一九九八年四月）

ことばが身体に伝わるとき からだが言葉を発するとき

内田樹×金滿里

Tatsuru Uchida, Manri Kim

大阪市の解体を止めた！

金　大阪都構想止めましたね。内田さんは引っ張りだこで、あちこちで反対の発言をされていました。お疲れさまでした。

内田　よかったですね、止まって。

金　大阪市の解体という事態に遭遇して反対していくなかで、自分にもこんなに大阪に対する愛着があったんだと気づきました。喪失感とか欠落感というものは命をなくしていくぐらいのことに直結しますね。大阪でそれを防げたというのはすごいことだと思います。反対派が勝った翌日、街の風景の見え方が変わったんですよ。よかったな、ああよかったなあって。反対運動をやった若い子がその日の私の介護だったんですが、その子と電車に乗って、「賛成派が勝ってたらこの風景絶対変わってたよなあ」と話して、もう何を見てもみんながうれしそうに見えてくる。道行く人たちまでもがね。（笑）

内田　ああ、確かにガラッと変わってたでしょうね。
金　ニコニコ笑ってしまうんです。お互いに顔見て。そういう空気がものすごく感じられた。向うは気がついてない？　いや確かに安心してるよね。安堵感よねって。
内田　ほんとにそうです。逆になってたら、翌日からほんとに世界の風景が変わったと思うんです。論《ろん》功行賞《こうこうしょう》っていうんですかね、反対した人たちを全部殲滅《せんめつ》していく組織変更が行われたと思いますね。いまにも安保法制が強行採決されてしまいそうな状況ですが、橋下さんが勝ってたら、この流れはお墨付きを得てわがもの顔に加速していったでしょう。この流れに対する抵抗さえ組めない事態になったんじゃないかと思うんですよね。だからわずか一万票ぐらいの差で日本の行く末がずいぶん変わったという気がします。

やみくもなスピードに抗う

金　反対運動の中で見えたものも多くて、すごい体験やったと思います。
内田　まず、賛成派と反対派の動き方の違いというのが非常に面白かったですね。維新の会のほうは運動員たちが揃いのユニホームを着て、莫大な運動資金を使ってじゃんじゃんやってたけども、あくまでも上から指示するトップダウンの運動。それに対して、反対運動のほうは、特に終わりのころになって市民たちが自発的に参加してきましたね。組織だっていなかった。オーガナイズされた政治運動と、下からわいてきた運動との違い。我慢できなくなって一人ひとりが街頭に出てきたという感じがあったというのを、みんな言ってましたね。

金　それを体感していました。

内田　我慢できなくなって街頭に出てきたんだけれども、理路整然と都構想に反論するというよりも、「何かおかしい」、「こういうやり方って間違ってる」っていう、その身体的な、体の奥の方でいやがっている感覚で抗ってる。その「なんだか知らないけどこれいやなものはいやだ」っていう身体感覚って、実はとても大事なんじゃないかと思うんです。今回、反対派がわずかながら最終的に上回った理由というのは、そこじゃないかということを反対の運動をした人たちと話しました。推進派の言い分には「生身の人間の生身の身体」を軽んじている感じがあって、それに対する強い違和感があったと思うんです。

金　確かにそうですね。

内田　橋下さんのことを評価するときに、「あの人のスピード感はすごい」ってみんな言うんですけどね、僕は、あれは生身の人間の許容できる速さじゃないと思うんですよね。僕の知り合いに府の職員がいるんですけど、橋下さんの府知事時代にボロボロにやつれて、「大丈夫なの？」って聞いたら「寝てないんです」と言うんです。橋下さんは夜一〇時ぐらいに平気で「これについての資料纏めて明日七時に持ってこい」みたいなことをぱーんと出してくる。夜一〇時ころに部長が聞いて、部に戻ってきて、全員で朝までかかって書類を作るなんてことが日常茶飯事なんだったそうです。体が追いつきませんって言ってました。

金　恐ろしい。

内田　政策が矢継ぎばやに出ますよね。あるものが出て、それを吟味する間もなく、うまくいったかどうかもわからないまま次のが出てくる。たぶん七年半の間にとてつもない数のプロジェクトを出してきて、その一つとして成否の検証をしてない。これはいくらなんでも速すぎると思います。一つひとつの政策についてとにかくもっと説明して、みんなが腑に落ちるまで時間かけて合意形成して、そのあとに政策の適否をじっくり時間をかけて吟味してほしい。ギリギリの僅差ではあれ、今回勝ったというのは、イデオロギーと身体実感の戦いで、最終的にちょっとだけ身体実感が勝ったんだと僕は思います。

金 橋下維新のスピード感は、身体を失ったスピード感ですよね。観念だけが走ってる。あれでは、壊すことはできても何もつくることはできませんね。理解し、合意し、つくりだしていくというのはすこぶる身体的な営みなんですね。

内田 合意形成には時間がかかるんです。壊すのは一瞬ですが。

土地の培ってきた力

金 時間の話が出たら、次は空間ということで。これはまったく私の感覚なんですが、ヒトラーがワルシャワの街を破壊し尽くして、「今後は地理上の一地点に過ぎない」と言った、あれと今回の大阪市解体をやってしまえというのと、何か同じものを感じました。

内田 今回の住民投票というのは、市を廃止して区割りにするってことだったんですけど、反対の声の中で頻繁に聞いたのが、「自分の生まれ育った街の名前が変わるのはいやだ」とか、「勝手に区割りされたくない」という言葉でした。大阪維新の会側は、「そんなのただの感傷だろ。区割りっていうのは合理的に人口とか面積とか法人数とか税収とか、そういう客観的数値的根拠に基づいてやるもんだ」というようなことを言ったわけです。でも、あの区割りっていうのは、やっぱり役人や政治家たちが頭の中でこしらえた机上の空論なわけです。地域にちゃちゃっと線を引っぱるとえらいことになるっていうのは生活者はみんな知っている。そうやって頭で考えた計画で地面を区切っていくと、そこに住んでる人たちの生活文化、食生活とか環境との馴染み方とか、そういうものが全部壊されてしまう。それって何だっていうと、やっぱりね、土地の力だと思うんですよ。

金　はい。

内田　自分の足元に土地があって、人間はそこから養分を吸収して生きているわけで、いきなりそこから引き剝がされてしまって、「どこに住んでも同じだろ？」と言われることへの身体的な抵抗感。合理的に区分けするんだから街の名前なんかどうだっていいじゃないかと言われちゃうと、「どうだってよくないいんですけど」っていうね、そういう強い思いを反対派の若い人たちに感じたんです。

金　大阪には、大阪という土地や街の名前に愛着を持っている人が多いですね。でも私は生野区という在日コリアンの多いところに実家があったんですけど、障碍になった時点で地域から切り離されて、病院や施設というところで幼年期から青年期を過ごすわけなんですよね。そうすると、地域から引き離された感みたいなのが強くて、完全にはじき出されたと思ってたんですよ。地域っていうものに対して劣等感がある。地域に根差した取組み、なんていうのも実は嫌いなんですよね。ところが、今回の大阪都構想に反対するなかで、逆に大阪に対する愛着が自分の中にもあるんやと気づかされた。（笑）

内田　そうですか。

金　都構想に反対することによって愛着が自分のものになるっていうプロセスがあって、面白いなあ、この感覚何やろなあと。根が生えてくるっていうんですかね。変な感覚なんですが、浮遊性を持つ私の感覚のままで、実はそれは土着性をもすでに含んでいるんだ、と言っていいと感じました。いま、話しててね。

内田　金さんは自分をそういう「遊行《ゆぎょう》の人」だと思っていた。

金　そうです。根なし草のコスモポリタン。

内田　浮遊して、どこにも定住しない。

金　遊牧民が好きで。（笑）

内田　でも大阪市が解体されるとなったときにはなぜかそれが許せなかった。

金　そうそう。大阪が培ってきたものが解体される。大阪がなくなると自分もなくなる。自分自身が解体されるっていう感覚で。

内田　地域からはじき出されたと思っていたにもかかわらず。

金　はじかれているままで、でも、大阪市を五つの区にして区の名前を変えるとなったときに、私の中にものすごい反発が起こって、やっぱり東淀川区は東淀川区でないとあかんし、生野区は生野区でないとあかんって、「区」の名前含めて愛着が出てきている。そこに住んでる人たちの息遣いっていうものが確実にあるのを感じて、それは自分にもあるなあと思いました。

内田　なるほど。その、なんていうのかな、「定住している人」と「遊行する人」って、別に対立関係じゃなくて、もともとは相補的な関係にあるんじゃないでしょうか。動くったって、定点があっていくつかの所をぐるぐるぐるぐると回っているだけですから、それぞれの定住の人たちとは定期的に、「あ、あの人来たね」という関係を持っているわけですよね。僕は、羽黒山の山伏の人と友だちになって初めて知ったんですけども、山伏って修験者だから日本中のあちこちの修験地を移動する遊行の山の民なんです。でも、その一方で、山伏たちはそれぞれ自分の宿坊を持っていて、羽黒山にお参りに来る人たちをそこに泊めることを生業にして生活を成り立たせている。おもしろいのは、その宿坊に泊まる村が決まってるんですよ。どこそこの村の人が羽黒山に来たらこの宿坊に泊まるっていうのが何百年も前から決まっている。村の中で講を組んで、代表者が何人か夏場に羽黒山に来て、宿坊を拠点にして月山や湯殿山を回ってから村に帰る。冬場、雪が降って山に入れなくなると、山伏たちは自分の宿坊に夏場泊まった人たちの村を訪ねていって、そこで加持祈禱したりするわけです。

金　ほう ー。

内田　僕が知り合った星野文紘さんの宿坊が提携していた村は福島の相馬のあたりなんです。だから、今回の原発で被災して村を捨てて避難しなくちゃいけなくなった人たちが、星野さんのクライアントたちだったんです。彼にしてみたら自分自身は遊行の民なんですけども、自分がつながっていた村の人たちがもう村に住めなくなってしまったということで、ものすごい欠落感を感じてるんですよ。遊行の民なんだから、どこの村がどうなろうと知ったこっちゃないということじゃないんですね。何百年にもわたってつながりがずっとあるんですよ。村人は羽黒山にやって来て勤行する、山伏はその村に行って加持祈禱するっていう、そんなことは日々の生活とはほとんど関係ないようなことに思えますけれど、双方にとって深いつながりだったわけで、それが崩れたことが星野さんは耐えがたいわけです。それが彼の反原発運動の核になっている。その話を聞いたときに、遊行の人たちと定住の人たちというのは無関係なんじゃなくて、相互に排斥し合うわけでもなく、独特の形でつながっていて、定住の民が遊行の民を支え、遊行の民がまた定住の民を支えている。定住生活だけではどうしても満たされないものっていうのがあるわけですよ。その霊的な支えを山伏が提供していて、それを提供してもらう代りに彼らの生活を支えていくっていう。そういう種類の相補的な関係がある。それが見ていてわかりました。

金　ああ、なるほど。土着・浮遊ということでは片づかない土地との結びつきがある。定住者にとっても、渡り鳥のような漂泊民にとっても、ある土地の、ある都市のかけがえなさがあるということですね。

内田　東京にはそれはないですからね。私にも大阪に対する愛着があってもまったくおかしくない。（笑）

態変の舞台と合気道の道場

金　土地のかけがえなさということと関連して、先日、態変の公演のアフタートークで、内田さんが身体と空間を結びつけるお話をしてくださったのが非常に印象に残っています。

内田　僕はだいたい予備知識なしに何でも観に行くので、いきなり態変の舞台に遭遇して、これは一体何だろうとうんうん悩みながら観たんです。とにかく空間が濃密だった。人間がいて、その外に空間があるっていうのじゃなくて、人間と空間の間の、あるいは出てくる人たち同士の間の境界も半透膜みたいで、こっちから体液が浸みだしていって、こっちへ入ってくるというものすごく粘り気のある空間を感じた。空間自体が生き物のようなものに変容していく。そのことをやりたがってるんだなあというのが観ててわかりました。（笑）

金　確かにその境目、「あなたと私の境目は何なん？」というところ。それ自体幻想なんだよというのはありますね。確固とした自分でありたいという欲は当然みんなあるんですけども、自分というものがどこまで自分なのか、正確にはそんなものないよねって。

内田　そうですね。人間の体って別に中枢が真ん中にあって指示してるんじゃなくて、いろんなそこら中にあるシグナルに反応して自由に動いてる。いちばん強い影響を与えてるのはかたわらにある他人の身体なんですよね。他人の身体から発されるシグナルを受け取ることによって自分の体が動いてる。

金　そうそう、そうですよねえ。

内田　そうやって空間が濃密になり相互的に粘ってくると、その場所において自分がどこに立つべきか、どこに目を向けるべきか、手を足をどう動かすのか。それについては空間の方から指示が来る。振り付けられてやるんじゃなくて、ここにしか手が行かない、ここにしか踏み出せないというような空間からの指示があり、導きがある。それがわかる体をつくるっていうことを金さんはたぶん厳しくみんなに要求してるんだろうなと思って見てたんですよね。どうなんですかね。

金　空間には濃淡、歪み、凹みがあるんだというお話は、私自身がふだん舞台空間について考えていることと非常に重なりました。

内田　金さんは相手の体に働きかける場合に、どのへんに焦点を合わしてます?

金　うーん。できるだけ低いところ、地面に近いところ。あと、手足じゃなくて胴体が大事やといつも言います。私は臍下丹田っていうものをすごく言うんです。何をやるにも必要な中心ですよね。もう一つは、骨の中心の髄なんです。髄のところに気が通っている状態。骨の髄っていうのは空洞ですもんね。空洞って実はすごく伝染力というか、伝えていく媒体としてあるんじゃないかなと。

内田　はい。伝導体ですよね。

金　髄から感じていくようにとよくみんなには言います。それと役者の身体の動きを作るのに、私は「氣」を使います。氣を大事にしますが、それも、指導するのはあくまで言葉です。

内田　合気道では、相手の運動筋をいじらないといけないわけです。こちらから相手の体の筋肉に働きかけると、そこが反応して動くんですよ。本人は無意識なんですよ。別に触ってどうこうするわけじゃない。離れたところから遠隔操作するんですから。でも、ちゃんと動くんです。原理は簡単で、僕がある運動筋を動かすと、相手の同じ運動筋が反応してしまう。上体の運動筋は相手の意識に統御されている度合いが強いので、こちらからシグナルを送っても、「いやだ。やりたくない」って思って止まることもあるんですけれど、下肢の筋肉や股関節や腹腔あたりは中枢的には統御しにくいらしくて、反応しやすいんですよ。

金　ほう。

内田　ミラーニューロンってのがありましてね、目の前でだれかが何か動作をする、それを見ているだけで、頭の中のミラーニューロンが発火して、同じ行為を脳内で再現するんです。だから、同じ動作を模倣できる。面白いのは、最近の発見では、目で見てなくてもミラーニューロンって反応するらしい。真後ろにいて何かやっても、やっぱり同じ筋肉が動く。つまり、視覚を経由しなくて、運動筋の細胞から細胞へダイレクトに信号が伝わっているんです。やってわかったのは、太くて鈍感な筋肉の方が操作しやすいということです。それと胴体。相手の胴体には働きかけやすい。僕は長いこと相手の手足を操作しようとしていたんです。でも、どうも手をつかんでて、手を振り回してもうまくいかない。手足ってやっぱり脳の干渉が強いんです。長く稽古しているうちに、うまくいくときには、相手の手とか足とかあんまりいじってなくて、それ以外のところを操作してるということがわかってきた。「あっち向け」って思うと、相手の体があっち向いちゃうということが起きるようになってきた。自分のしている筋肉運動が、相手の筋肉運動に感染して、すっと同化してしまう。感染するというか、伝染するというか、同じ色に染まる。

金　ほう、それはすごいですね。内田さん、型をやってみてくれません？　いま話しながら手を動かしてはるのは、これはもう型になってるんじゃないですか。見たいです。見たいです。

（内田、稽古前の呼吸法＝ウォーミングアップを実演）

内田　足裏から氣を吸い上げて、全身を満たして、響きを通してまた足裏から送り出す。こういうことから始めてだんだんとやっていくわけなんです。

金　ああ。

内田　稽古の前にだいたい三〇分ぐらいかけて全身の状態をCTスキャンみたいに深くモニターしていく。どこかに詰まりがないか、こわばりがないか、痛みがないか、それを点検する。痛みがあればそこに呼吸を集めて痛みを去る。こわばりがあれば、こわばりを去る。そうやって理想的には搗きたてのお餅みたいな体をつくる。（笑）

金　私の場合、稽古は全部言葉の伝達です。お手本の形を見せない。動いてみせるってそもそも機能的にも無理っていうこともありますが、真似するということを厳格に禁止してるんですね。自分の中からほんとに出てくるもの、出したいものに内省する集中ってものを育てたい。だから言葉で、この体やったらこういうふうになるよね、次はこうなるよねっていう想念を伝える。

内田　イメージですか。それを言葉で発信するわけですか。そのイメージがそこでその人の体で実現してくるわけですか。

金　発信というよりも、すっと想像する。その人自身が持っているものを察知して、それを言葉で言うんですが、私の言葉は意味をたどろうとしても理解不能だってよく言われます。（笑）でも、言わんとするところをみんなけっこうわかって動いてくれるので、伝わってるんじゃないかなあ。

内田　「言葉」のイメージ力がすごく強いんでしょうね。それは才能ですよ。

身体感覚をとりもどす

金　話を大阪都構想に戻したいと思います。こうやって身体の話で盛り上がってみますと、今回の大阪都構想も、次の安保法制も、身体が「いやだ」と言っていることがよくわかってきます。

内田　安倍さんの安保法制の答弁を聞いてても、生身の人間の体については彼が何の想像力も働かせていないことがわかる。この間、自衛隊員の命について、「これまでも殉職者はいましたよ。千八百人も殉職してる」って言って海外派兵のリスクなんかたいしたことないと強弁していましたね。「自衛隊員が死ぬのは当たり前じゃないか」としれっと言ってしまった。そこで実際に爆弾で手足を吹き飛ばされて殺される人間の痛みとか、銃で非戦闘員を撃ち殺すというような状況に置かれた人間の内面の混乱について何も考えてない。僕たちが対面している政治って、体のない人たちの作っている観念的なシステムと、生身の肉体との闘いじゃないかと。生身の身体から出てくるものはなかなか言葉にもできないし、政策的にも展開することができないんだけれども……。

金　「いやや」という感覚、これは理屈にならなくて、でも快不快とも違って、何かそこにある守らなくてはいけない直感というものね。私自身、この闘いで初めてその感覚が勝ったなと実感したんですよ。

内田　生物ですからね。こっちの方向に行ったら死ぬのか生きのびられるのかくらいのことは、プリミティブな直感でわかるはずなんです。でも、それがわからなくなっている。この社会の色々な歪みは身体を失ったせいで起きてる問題なんだから、これを修正するのは体の力を取り戻すことだと僕は思っています。いまいちばん大事なのは、「判断力のある身体」を作るということなんです。でも、これはだいたいみんながわかってきてる。僕は武道を通じて、自分の体の生物としての生きる力を高めるための使い方をずっと研究してきたわけなんですが、いま、道場にとにかくどんどん人が入ってくるわけですよね。皆さん、とにかく一生懸命求めてる。

金　ほう。

内田　合気道の稽古って、要するに自分の体をモニターして、淡々と自分の体を練っていく、それを体系的にやるということなんですけども、そこにこれだけたくさんの人が来ることに驚いています。昔は、「強くなりたい」、「体を鍛えたい」という理由で入門する人が多かったんです。でも、いまは違う。もっと身体の精度を上げたい、身体感覚を上げたいと思っている。これは、僕の合気道の道場だけでなくて、能楽でもそうです。能楽はお月謝が高いし、チケットノルマやお役料などすごく高いお金のハードルがあるので、それでは若い人には無理だろうということで、とにかくチケットノルマなし、お役料なしで、舞台には出ないけれど、お仕舞とお謡だけを稽古するというクラスを作ったら一月で九人入門希望者が来たんですよ。「能舞台の上っていうのは空気の密度が違う」なんてことを僕はあちこちで書いてたんで、それを実感したいという人たちが潜在的にそれだけたくさんいたということですね。いろんなところでいろんな人たちが身体をめぐっていろんなことをし始めている。それが実感でわかるんですよ。

大阪の自治を実践していく

金　大阪の人って理屈よりも感情、身体感覚を大事にする風土じゃないかなと思うんです。そこからどうして都構想みたいなものが出てきたのか。

内田　橋下徹という人が上手だったのは、「人間の生活実感って要するに金でしょ。経済でしょ」と打ちだしたことにあると思います。「色と欲」こそが人間のいちばん根源的な身体実感なんだということを言い立てた。それが「きれいごとや建前や理屈が嫌いだ」と思っている大阪人の琴線に触れたんでしょうね。都構想に賛成した人たちだって、主観的には自分たちのほうが生身の実感で生きてるんだと思ってる。自分がリアルで、街の名前なんかにこだわってる奴らはファンタジーだと思っている。反対派は反対派で、自分たちの「土地の名前を変えるな」という実感の方が身体的にリアルだと思っている。双方がそれぞれ自分こそが真のリアリティに立脚してると思ってる。それが、神戸から見ているとすごくよくわかる。（笑）

金　うーん。

内田　結局賛成派も反対派も「大阪が大事だ」という点では同じなんです。でも、それをものすごく急いで、早く結果を出したいと思っている人たちと、とにかくじっくり座って聞いて、自分の腹の腑に落ちてから始めようという人たちがいる。そこは程度の問題じゃないかという気がするんです。原理的な違いじゃなくて程度の差なのに、それがデジタルに二分されてしまった。そういうふうに仕向けたわけです。それがとても不幸な感じがするんですよね。

金　本来やったらともに何か組むことができるはずだと。

内田　そうです。僕は橋下さんとは対話できませんけれど、橋下さんを支持した人たちとは対話できると思います。

金　大阪をなくされるっていう事態に直面して、直感的にいやだと思った人と、思わず賛成でええやんと思ってしまった人の、その現象だけとらえてそこの違いで対立したらだめですよね。私も反対派と賛成派の歩み寄りが今後大事かなあと思うんです。

内田　歩み寄りは可能だと思います。ちょっと落ち着いてゆっくり考えましょうよってことですからね。いきなり「カジノを作らないと始まらない」みたいなね、何をそんな気負ってるんですか。それよりまずは何が起きてるのかを考えて、どのあたりからなら着手できるのかということをじわじわ合意形成しながら進んでゆく。ある程度話が煮詰まったら、「じゃあここで決を取ろう」と。常識的にやろうってことで。今回は常識的な人たちが勝ったんだと思います。「これからは賛成派の人と何とかすり合わせなきゃいけない」って、反対派のほとんど全員がそう言ってましたからね。

金　確かに。

内田　大日本帝国に戻りたいみたいな人もいますけれど、彼らだって主観的には身体的、実感的なんですよ。あの人たちを駆り立てているものは半分は妄想ですが、半分は実際に人を傷つけたり、人が大切にしているものを破壊したりするときの全能感や爽快感という身体感覚ですから。

金　それも身体性だと。

内田　カッコつきの身体性ですね。でも、本人は自分の中から湧き上がってくる自然な身体性だと思ってるわけですよ。その憎しみとか破壊欲動の中には確かにいくぶんかは身体実感の裏付けがあるんです。だから、自分は体の奥底から出てくるものに突き動かされて動いてるんだと思えてしまう。そこが彼らの怖いところです。自省も込めて言いますと、左翼には逆にそれが足りないんです。理屈ばっかりだったから。

金　都構想に反対した人たちをはじめとして、いまあちこちで湧き上がっている反安倍の動きは、これまでの運動とは少し違いますね。そこで共有している身体実感があるんじゃないかと思うんです。ネトウヨ的な破壊欲動とは真逆の身体感覚。

内田　そうですね。もっとどこか曖昧な感じのね、形が定まらないような、むにゃむにゃしたものなんでしょうけど、攻撃性とも暴力性とも関係ない種類の身体性ですよね。

金　でも、私は曖昧なものをはっきりしたいほうなんですよね。

内田　そうですか。(笑)いいじゃないですか、曖昧なままでも。

金　曖昧なままじゃなく、「もうちょっと言葉にして！」ということをいつも言うんですよね。

内田　なるほど。

金　アメーバみたいな、鵺《ぬえ》みたいなのはいやなんです。

内田　そうですか。僕は頭でっかちの頭先行の人間だったから、アメーバみたいな鵺みたいなものっていうのが出てきたら、それはできるだけ丁重に扱いたい。それでいいじゃないかって。アメーバ、これからどうなるんだろうっていうね。

金　私はアメーバタイプの人間やと思うんです。だけど、それだけではだめな部分もわかってて、それに対してどういうふうに切り込んでいくか。自分自身が「それでいいやん」って思ってしまうとアカンのちゃうかと思ってるんです。何でも自己正当化するところに退廃は生まれるんじゃないかなと。

内田　ああ、そうですそうです。

金　アメーバに安住しちゃうっていうか、「そこを認めてよ」と言い出したらだめやろという感じがする。

内田　逆方向からのアプローチのような気がする。僕の場合はそもそもやたらと理屈が多い人なので、その理屈を絶えず刷新していかなきゃいけないわけです。その刷新する力っていうのが、自分の体の中の何とも曰く言い難い身体感覚なんです。アメーバ的な、不定形で、ぐちゃぐちゃした感じのもので、これが出てくると僕はとってもうれしくなるんですよね。ああ、これでまた少し変わるぞと。

金　センサーとしての身体性は大切ですよね。だから、アメーバ的な私がここは骨格をしっかり通してはっきりさせようというのは、私の課題、努力する方向ですよねえ。つかんだものが人にきちんと伝わるように論理的な意味づけをしないといけない。

内田　そう。金さんの努力する方向はそっちの方向、僕は逆の方向です。やってることは結局どちらもフレームをつくっては壊し、つくっては壊しですから。安住するところに退廃は生まれるんですよ。

（笑）

金　そうですね。いま、ＳＥＡＬＤｓやＳＡＤＬの若い人たちが、個々の身体をくぐらせたアピールを発しています。意識的に、とても丁寧に言葉を練りこんで発信をしていて、それが多くの人の心に響き輪を広げている。触発されますね、敬意に値することですね。

内田　はい。僕たちも、住民投票で賛成した人たちの身体にも届く言葉で、丁寧な対話を重ねていきたいですね。それは可能だと思っています。

（二〇一五年十月）

奪われていい命などない

鵜飼 哲×金満里

Satoshi Ukai, Manri Kim

相模原事件

金　相模原の事件が起こって、「劇団態変の活動が大事だと改めてわかった」と言う人もいました。あの犠牲があって態変の表現が改めて評価されることには、必然があるかもしれないけど、全然うれしくない。私たちの舞台芸術をもっと広めておけばというような後悔がある。だけどいくらやったって、私たちがメジャーになるわけでは絶対ないので、これを根絶するのにもう一つ何か、芸術的なこと以外に、「本当に深いところで論理を探さなければ」って思うんですよね。

鵜飼　人を殺すことをどこで踏みとどまれるか、それがとても危うい時代に入ってきていると思います。一方で「死刑になりたくて人を殺す」という人たちが出てきてしまっている。フランスなどではそのような傾向はずっと早く現れていて、それが一九八一年の死刑廃止の根拠の一つにもなりました。「9・11」やフランスのシャルリ・エブド社襲撃事件など、一般に「テロリズム」と呼ばれる近年の犯罪では、暴力の行使は自殺の実行と一体で、自分たちの自殺に被害者を道連れにするという構造を持っています。ところが相模原の犯罪（二〇一六年七月二六日に起こった障碍者の大量殺傷事件）は違う。実行者が「自分は絶対生き延びられる」とはっきり確信しているところに、いまの日本に特有の不気味さを感じます。もうひとつ、最近は世界的に銃の乱射や車で通行人に突っ込むなど、瞬間的に行動を起こすタイプの無差別殺傷事件が多いのに対し、今回のような時間をかけた犯行は、実行者の心理を想像することが本当にむずかしい。いままでとは違う意味で思い描くことの困難な犯罪だったという気がしています。何よりの問題は、この一人の人物の犯行を通してこの社会が発しているメッセージですね。

金　極悪犯といっても、これまでのパターンは、ほとんどが弱者の側からの犯罪であって、一分の理というか正当な主張というのがどこかにあったんですよね。だから私は死刑廃止論だったのですけど、でも犯人の植松聖については死刑をやってほしい。もう本当に許せない。それくらい、殺された側に思い入れする感覚が絶対的にある。一方で、植松のほうに思い入れる人たちっていうのがどれぐらいの割合でいるんだろうと思うと、すごく恐ろしいんですよね。

鵜飼　そうですね。ネットなどでは、かなりそういう声があったと言われていますね。

金　今回の犯行は、障碍者を一人ずつ名前を呼びながら、返事のない人を殺していった、と伝わっています。自分の名前も呼ばれるんだろうかと、同じ部屋のベッドにいながら、それをどういうふうに聞いていたのか。想像してみるんです。「まさかそんなことはしないよ」って思いながら殺されていった、というのが障碍者の実感なのではないかと思うんです。というのは、介護される関係というのは、「この人がまさか悪意で何かするってことは絶対にないだろう」っていう信頼を無理やりにでも持ったうえに成り立っている。施設の中でもそうです。
それが、横にいて本当に殺される瞬間、血が飛ぶだろうし、その臭いとか、「あ」とか、「う」とか、何か聞こえるだろうし、そんななかで、「自分にも凶行が及ぶかもしれない」っていうビクビクした感じのなかで、本当に殺されてしまう実感。じわじわと時間をかけ、犯人が一人ずつやっていくのを感じながら、真っ暗な夜の中、ふとんをかぶりながら、自分のことだとわかって死んだのかどうかを思うと、いちばんつらい。

鵜飼　介護する／される関係という点でいいますと、七〇年代から八〇年代、当時の障碍者解放運動、「全障連」や「青い芝の会」など当事者運動に呼応するかたちで、何かすでに社会運動に関わっている活動家が介護に行く時代から、いまのように職業として介護を選択する人が増え、一定の思想性から介護に来るわけではない、そういう時代になっていることが大きな前提として事件の背景にあると思いました。介護者との信頼関係が、昔はいびりあいなどもありながら思想的に担保されていたところがあったと思うのですが、いまは介護を求める側と応える側が思想的につながれる時代ではないのですね。それだけ障碍当事者の側には不安が増す時代であることに、改めて気づかされました。

金　介護というのは本来は、介護を受ける側の考えや感じ方を介護者が最低限共有できる関係をつくっていく、ある種の闘いの面があるんです。始めから一緒の考え方ではないんで、介護を受けながらどんどんそういう話をするんです。けれど、介護する側の健常な身体、力があって私を起こせて、「私ができないことをできる」という身体を介護する側は持っていて、その身体で前に立ちはだかってこられること自体が脅威になるという面がある。介護には、そんな暴力性を持ってしまう部分があります。重度の障碍者ならだれもが持っている感覚のはずですが、言語化しないと意識にのぼってこないんです。

それで、最近この事件があって、私は介護者にも、劇団態変の「黒子」という健常者スタッフにも、『健常者は敵だ』って言葉をもう一度言わないといけない」と思い直しているんです。最近はことさらに前面に立てて言わなくなっていて、「そのペースは違うやろ」とか、具体的場面で関係性を問うことくらいになってましたけど。だけど、大前提として、「健常者は障碍者を殺しうる存在、敵なる存在なんだ」ってことを、「もう一度言わないといけない時代がきたな」っていう感じがするんですよね。

どうしてこんな時代になったのか

鵜飼　こんな時代がどうしてきてしまったのか。ひとつは新自由主義のなかで能力主義が社会の中に徹底的に貫徹されてきたことがあるだろうと思います。昔からもちろん能力主義は社会の原理でしたが、その考え方がこれまでにない圧迫感を社会全体に及ぼしている。そのせいで、人と人が横につながるのでなく、上下の切り分けが常になされ、ついには暴力的な排除になるのでしょう。これは多分レイシズムの問題にも通じると思います。あまりにもひどいヘイトスピーチ、憎悪犯罪と呼ぶほかないほど威嚇的な差別扇動が、新自由主義の極端な能力主義と、裏表の関係で現れてきたのだと思います。

金　一人の植松聖という犯人に象徴されますが、その犯行をやらせる社会の意思というものが透けて見えるのです。「役に立たない人間はいないほうがいいんだ」と。社会の中を空気の粒子のように飛んでいる意識が、あの男を作ったって感じがしている。

でも、それだけじゃない。あのものすごく陰湿で残虐な暴力性、時間をかけて一人ずつベッドに寝ている人の首を切っていけるあの暴力性がどこから生まれてくるのかを考えてみたんです。植松聖の特徴というのは身体性であり、美意識なんですよ。整形手術を繰り返していて、あの事件を起こす前からどんどんツイッターとかで顔を配信している。それで、捕まって護送車の中でニカッと笑っていますよね。あの顔の見せ方っていうのは、整形しているこの顔、「お金をかけて作ったこの顔を見てほしい」。それしかないんですよね。ものすごく自分の醜さに劣等感を持っている人間が身体的に暴力をふるえる体を持つ。ここまで人間が小さくなったというか、あれだけの事件を起こすことができる劣等感を増殖させ、人間を飼い慣らす装置っていうのがどこで起こったのか。

鵜飼　そもそも植松聖が施設職員という職業を選んだこと自体がよくわからないんです。障碍者の問題に何の関心もなければそもそも選んでないでしょうが、その同じ人物の中に同時に抹殺思想に行きついてしまうものがある。それは金さんがいまいわれたような、ある種傷ついたナルシシズムなのでしょうね。衆議院議長への手紙の中で、「さらに整形するために五億円くれ」とか、「犯行後も自分は絶対死刑にならない」などと言っています。この精神の奇妙な弱さはどこから来るのでしょう。そして、同じような精神のありようがいま日本社会に蔓延していることを痛感します。

　少し飛躍があるかもしれませんが、これはいまの日本の東アジアの中での位置とも重なっているような気がするんですね。先の戦争で沖縄を捨て石にした。辺野古《へのこ》の米軍基地建設の強行はその構図がまったく変わってないことを示しています。しかし米軍のホームページなどを見ると、「第一列島線」といって、もし中国なりと戦争になったら、沖縄だけではなく日本列島全体が戦場になる戦略が採用されていることがわかります。ところが日本人の大半は、沖縄だけがまた犠牲にされることを自明と考え、自分たちは生きのびるほうに無意識のうちに位置づけている。そうして沖縄差別がますますひどくなっていく。この状況と、ある意味同じ構図があるのではないでしょうか。あのような行為・あのような心性を例外と言いきれないいまの時代の不気味さは、そこにも由来するように思います。

金　ヘイトデモの現場で、「在日朝鮮人を殺す」とか言葉で発していたことが、「現実として起こるのはどこからか」を思うと怖かったんです。障碍者からじゃないかって。それが、あの相模原の大虐殺として実際に起こってしまったことに対して、これは言い過ぎかもしれませんが、ヘイトを受けている在日の人らからみても、他人事になってしまっている。なぜかというと、施設だから。その施設で、名前を伏せてしまったからね。これ巧妙ですよ。日本で実験されている。これが世界的な右傾化の一つとして、世界に発信されていく。日本が植松聖を使ってやってしまった実験のメッセージっていうのは、「このまま放っておいたら人類の総意のようになってしまうよ」って思いますね。

鵜飼　そうですね。被害者の名前を隠すことで、これだけの大事件を、この程度の影響の範囲に収めることができていること自体が、ある意味凶行の継続という気がしますね。

金　池田小学校（二〇〇一年の宅間守による無差別殺傷事件）のように公教育の児童が凶刃に遭うのとも、わけが違う。ここの隔離性というのか、山奥に葬られた人たちっていうのがあらかじめ了解されている世の中。そこについてやっぱり、こちら側がふたを開けていかないと。

鵜飼　そうですね。ところで、名前を隠したことについては家族が望んでいるからという言い方がされていますが、それは国家・社会・家族の共犯性のなかで隠蔽が起きているわけですよね。ここで問題にしたいのは、あらためて家族とは何かということです。

金　家族じゃなく、まず本人ですよね。殺されて隠されたままでだれがうれしいのかって思うと、やっぱり絶対に公表すべきです。親側の意思に同調することが大多数の健常者側の価値観を背負ってしまっていることに気がつかないといけない。家族っていうのがどれだけまやかしか。

鵜飼　そうですね。一方で伝統的な家族関係が相当解体してきているからこそ、家族の復権を望む時代の風潮もあるように感じます。とにかく家族。血縁のない人たちの間でも、「家族的」な関係はつくれるということが、むしろよいことのように言われていて。

金　そうなんですよね。でもね、家族的な「思いはかる・思いやる」という関係性じゃなくて、尊重する・尊敬するっていう関係性をつくりたいわけで、そのためにどれだけ言葉を尽くしてお互いしゃべったかとか理解しようとしたか。それしかないって思うんですよね。だから、連れ合いやから、家族やから、子どもやから、というのは、やっぱりおかしいわけなんですよね。個人対個人が基本。

絶対愛と愛国心

鵜飼　そこがむずかしい問題だと私もつねづね考えています。子ども時代の経験から家族が安心できる場だという、そういう観念を植えつけられてしまうと、成人になってからも同じような環境を求める傾向が恐らくあるのだろうと。その点で、金さんが書かれたことですごいなと思ったのは、三歳のときに障碍を持たれて、血縁から外に出されたことを、最初の「異化」の経験として圧倒的に肯定されているところです。

私はフランス文学をやっていてジャン・ジュネという作家を研究しているのですが、彼は生後九カ月で遺棄された孤児なんですね。父親はもちろん母親の顔も知らないで、里子に出されて育ちました。晩年彼はジャック・デリダという哲学者と交流があって、彼の家に突然来たりしていたのですが、ある日二人の息子が親に甘えたりしている姿をじっと見て、「子どもはみんな、孤児院に預けないとだめだ」といったそうです。

金　それは名言。私、自分が施設育ちでしょ。寮生活を小さいときからやるべきだってどこかで思ってました。でも、自分の子どもは、やっぱり、ようしませんでした。

鵜飼　それもひとつの収容所ではありますからね。ふつうに子どもが親に甘えることから、ある意味弱さが始まるということも、本当に冷厳な事実なのかもしれない。

金　だけどね、そこでひとつ疑問を呈すると、「愛」について。私の場合、なんでこんなふうに自分を全面肯定できたのかというと、母親の絶対愛なんですね、実は。もう溺愛で、絶対的に私には弱かったから。「そのままで、存在そのままであんたはそれでええんや」っていう母親の愛情ってすごく大きい。その母親を切って家を出るとき、それは猛烈な反対をされて、だから、「絶対死に目にはあわんだろう」って思ったんです。親の反対を押し切って活動家に身を投じるわけで、家族に称賛なんてされると弱っちくなっちゃう。いまの親なんて理解者が多いから、みんな弱いんですけどね。本当にそれで、母親の死に目にあえなかったんですね。それでやっぱり、このことを通して、母親が私に向けた愛情に対して、「私は報いたぞ」っていう感覚があるんです。ジュネの場合は、どこでその自分を発見し、肯定し始めたんでしょうか。

鵜飼　当時のフランス社会では、教会か軍隊に入るほか孤児に社会昇進の道はなく、あとは下層で一生をおくるしかない。彼はそれを悟ったときにグレるんです。それからは施設から脱走を繰り返していく。お腹がすいているからものを盗むことも当然あるわけで、少年院に入れられる。その少年院の中で、社会から何をいわれようと断固として自分の道を歩む、そういう精神が形成されたんですね。

彼は子どものころから男性に惹かれていたようですが、フランス文学の中で同性愛者であることをはっきり一人称で肯定したのはジュネが最初です。彼の場合、自分のセクシュアリティの肯定と犯罪者というアイデンティティの肯定は同じことでした。LGBT（レズビアン、ゲイ、バイセクシュアル、トランスジェンダー）主流化などが語られる現在とは、彼の精神がおよそ対極にあったことを思い出しておきたいです。世界がいまのように構成されているかぎり自分は必然的に間違ったほうに入れられてしまう。そのことを見切っていたので、必死に正しくあろうとなどしなかったのです。

金　私にとって母親の絶対的な愛情の存在は大きかったけども、そのことだけで自己肯定したわけでもなかったかもしれません。「絶対生きるんや、こうなったんだからいいに決まっている」という感覚もあったかも。

鵜飼　肯定感のいちばん核のところには、説明できないものが残るのではないでしょうか。

金　家族とか恋人でもね、侵してはならない領域として、愛があるような気がするんですよ、最近。その愛についての肯定感を探っていかないといけないないなと。

鵜飼　例えば日本で愛国者だという人がいるわけですけど、その人たちの言葉をよく聞いていると、日本が好きなのではなく、隣りの国が嫌いなんですね。言葉では国を愛するといいながら、実はその感情は憎しみに由来するから、否定によってしか愛が語られない。金さんが言われる「愛」はそれとはまったく違う。そのままでいいということを、自分に対してではなく相手に向かって発するのですね。

こうしかないという表現

金 寝たきり重度の障碍者が、自分の意志で「こうしたいと思う」というのを、なんとか形にして見えるものにしたいのですよ。ふだん在宅で親がたっぷりと愛を注いでいたとしても、あるいは作業所でいろんな人が関わってたとしても、それは出てこないんですね。なんでかというと、それに応える何かというのが全然期待されていませんから。寝たきり重度の人が態変のオーディションに応募してきたときは、そこに沈殿しているその人自身の何かっていうものを一生懸命に見るんです。で、ちょっとでもその芽が見えると、「あ、もしかしたらここをこういうふうにできるんじゃない」とか言って声かけをするんですよ。そうしたら本人は、そういう期待ってされたことがないので、そういう目で見つめられることによって、自分が自分のペースのまま、それを発して出してくるんです。その瞬間、だれにもまねできない、すごい鍛錬して才能をほめちぎられているダンサーでもあかんくらいの、もう勝負にならんくらいの本当の命がそこにはあるんですよね。こんなに毎回〝命〟に触っていていいのかと思うくらいの感動があるんです。もうその瞬間を引き出すことしかないんですね。

鵜飼 それはすべて関係性のなかから出てくることでしょうね。レベッカ・ジェニスンさんが「寿ぎの宇宙」の劇評(『イマージュ』誌六六号)で引用されている「皮膚を転がす」という表現、いまお話しになったのはまさにそこですよね?「頭と体の支配関係をつくらず体まるごとで平等に覚醒させる」という言葉で、いわゆる能力とは違う、頭の指令のもとに体が動くということとはまったく別の身体性が示唆されているような……。

金　「皮膚を転がす」とは、態変のパフォーマーにしょっちゅう言い聞かせていることです。皮膚そのもの、細胞の一つひとつに人格が宿っていると考えたらどうか。その何兆かの細胞がそれぞれにものを言い出す。「自分はこうや、自分はこうや」って言い出すことを、本当に覚醒して聴く、そういう姿勢が自分の身体を大事にすることになるって思うんです。自分が床にひっつきたい、地面に重力を感じたいとか、地面の気を感じたいとかいうふうに思うのは、「進む」に代表される能動的な「できる」ということじゃなくて、「関わり」なんですね。

そういうふうに、ただそこに触りたいだけとか、それを感じたいだけをずっと広げていった先に、人間の歩くということも出てきたとみることもできる、っていうことをいうんです。で、歩くときに地面に触れているのは、足の裏だけなんですよね。それが寝たきりやったら、皮膚ぜんぶ転がしたら全部触れるやん、って。気がついたらそれは転がっていたり、進んである目的地に到達したり、っていう結果になるだけなんやと。そういうものすごい原理的な気持ちがあるんですよね。

でもその始まりの細胞一点というのは何なんかというと、それ自体がやっぱり宇宙の中で、必要とされてそこにできてきている。ものすごく不思議な、偶然なのか、必然なのか、「すごいドラマやん」って思うんですけど、そのことの延長でたまたま体ができている。私の場合はそれを「無我」っていうんですよね。自己愛ではなく、我を捨てるほう。自分に一生懸命になっているので、自分も他人の目も気にしない、気にできない瞬間っていうのがいちばん美しいと思っているんです。

そういう瞬間って、大人になってしまうと、社会的に他者を意識してしまっているので、なかなかない。態変の美しさっていうのは、こうしかないやんっていう表現。人のことをかまってられない。だれがどうみてるかなんていうことを気にしてられない瞬間を引き出して、舞台に載せているんです。本当は障碍者ってすごく持ってるんですよ、それを。だけど日常生活場面では、健常者が一人でもそこにいるとね、もう出せないですよ、萎縮して。それで健常的な所作にみんな置きかえて、ということが起こってくる。そういうのをぶっ壊して、それができる瞬間が舞台なんですよね。無我というかそこの必死さというか……。

鵜飼　本当にゾクゾクするようなお話ですね。すごい。

司会　寝たきりの人に演出をつけるというのは、金さん自身は、暴力だと思っているのでしょうか？

金　ある意味ね、みんなが見ているなかに晒しているわけで、そういう意味で、私の意志というもので動かしているに過ぎないという暴力と、私の意志を見ている人たちが私の眼差しになってその人に期待をかけていくという意味で、完全に暴力やなと思いますね。でもまあ、健常者が障碍者を演出することとは違う。健常者は世界観を健常者の眼差しでしか持っていないんで、そこから障碍者のいいところを切り取ることとの限界は絶対あるから。その限界を自覚したうえでも、やったらええということにはならへん。障碍者の世界、重度障碍者が感じる地面、床、大地、低く接触している部分で感じるものを、損なうばかりで、価値として絶対肯定することにはならないと思います。健常者が障碍者の演出をやることに関しては、暴力的という以前に、あってはいけないと思うんです。でもやってますけどね、世の中では……。

鵜飼　まあ、パラリンピックはその最も大がかりなものといえますよね。

暴力の意味

金　暴力に関していえば、なんというか一つ、この本（鵜飼哲『抵抗への招待』みすず書房）の中にあったんですけど、ホームレスの人との出会いで、思想家が思わず殴る蹴るをやった。

鵜飼　あ、それはボードレールですね。ボードレールの散文詩に、「貧乏人を殴り倒そう」という題の作品があって。

金　殴り倒して、思わずホームレスの人が本当に怒ってぼこぼこに殴り返した。そのことによってようやく対等になったと。

鵜飼　平等はここからしか始まらないと。

金　ある意味、上から目線で、仕かける側っていうのが圧倒的に戦略的にできるんで、肯定はできないなという気はあるんですけどね。でもその逆もあるんですよ。私なんかは介護者と関わっていて喧嘩を吹っかける。はいはいって言って従ってるようにいい子ちゃんやってても、絶対違うやろ、と見えるところがあって。だから何年かかってもいいんですよ、喧嘩できるようになったら次の関係性が開かれるんで、一瞬にして変わる。だから、あの手この手でふっかけてますね、それは暴力でしょ？

鵜飼　はっはっは。

金　だから暴力賛成なんですよ。

鵜飼　喧嘩の仕方を色々な意味で学ばないといけないと、私なんかずっと思ってきたのですが、運動圏でも若い人はちょっと喧嘩について想像力が弱くなっているように感じることもあります。なるべく喧嘩したくない、それでかえってこじれちゃうみたいな。金さんがおっしゃるように、喧嘩を避けるだけだったら、関係性の中に結局何も痕跡が残らない。互いに傷ついてこそ関係が記憶されるということもあると思う。その意味で、「最低限の暴力なしには関係性が生まれない」と言えるんですね。

金　私も経験あるんですけど、伝えても伝わらない。このあいだも、すごく若い人なんですけど、全然話が通じなかったんですね、喧嘩をふっかけても。逆ギレするだけで。何か言われたことにハッとして、「理解できないけど何か自分が言われているぞ」という感覚を持てない。傷つけられることに対しての極度な防衛だけに入っちゃう。

鵜飼　危ないですね。そういう人こそ自分で気づかずに人を傷つけてしまうことにもなりかねない。自分が傷つかなければ手加減もわからないしね。

金　なんなんでしょうね？「傷つきたくない」というのは。

鵜飼　生まれるということからして相当な暴力、この世に生まれ出ること自体荒々しい出来事だし、そういう意味ではこの世にあることは傷ついていることと同義なのではないかと思うところもあります。いまの時代のレイシズムなんかもそうですよね。日本だけでなく、「外国人」がいるだけで傷つくと広言する人はどこにでもいます。

金　え〜っ。

鵜飼　フランスでも極右のスローガンは、「ここは私たちの家だ」。集会の最後はその大合唱です。

金　気持ち悪い！

鵜飼　「外国人」の存在自体が、自分の生活空間・文化空間に傷をつけているという感覚なんですよ。

金　わからへん、どういうことなんでしょう。自分たちが美しくてきれいでまんまるで球体だったら、そこに異質なものが来たら傷がつく。そういうイメージ？　植松聖も暴力ではなく正当防衛と言いたいんだろうか？

鵜飼　彼の考えでは世の中全体がそういっている。新自由主義の論理に従えば、生産的でないものは富を享受することはまかりならぬ。そういうロジック。ナチのT4作戦も同じです。これから戦争するのにむだは全部省かないといけないという論理でやっていく。いまの日本も突き詰めれば同じところに行き着くと思うんです。生活保護はできるかぎり認めない。それで死んでしまう人が出ても仕方がない、そういうロジックで役所自体が動いているわけですから。

オリンピックの欺瞞性

鵜飼　雑誌『インパクション』の反五輪特集（一九四号）にお寄せいただいた文章の中で、「一九八一年の『国連障碍者年』に危ないものを感じた」と金さんはいわれています。いまオリンピックに反対する運動のなかで、まだだれも金さんの思想のレベルで発信できていない。今回は特にパラリンピックが統合の梃子になって準備が進められているのですが、このことをどう考えたらよいのか、方向性を示せる研究者もいまのところほとんどいないし、運動の側もやや途方に暮れています。

しかも中心的な役割を担っているのは日本財団なんですね。日本財団は目立つところでは車両を寄贈したり、さまざまな形で障碍者福祉の現場に関わりを深める一方で、「南京大虐殺はなかった」と主張するパンフレットを世界中に配布したり、批判的な外国人研究者を告訴するなど、色々な策動の中心にいる組織です。先代の笹川良一といえば、私たちの世代にとっては、「人類は皆兄弟、お父さんお母さんを大切にしよう」というコマーシャルで知られていた人なので、ひとつつながるものがあるのかなという気はしているんです。ここに日本財団パラリンピック・サポートセンターのパンフレットがありますが、開いてみるとこれがビックリマーク、感嘆符ばかりなんです。疑問符が全然ない。障碍者スポーツに驚きましょう、考える前にビックリしましょう、そういうコンセプトで終始している。「障碍」というと直ちに「克服」という言葉が出てくるような、そういう構図の中で、感動生産装置みたいな形になっちゃっている。

金　ほんとうに。

鵜飼　このところ、「人間」という言葉というか観念の吸引力には、なにかひどく不吉なものがあるような気がしています。オリンピックのことでも、ある種の「人間」の理想が古代ギリシア以来語られるようになった、「人間」の発見自体がギリシアであったというストーリーがあります。それはアスリートの肉体美のようなかたちで彫刻にもなり、ある意味芸術の始まりとも重ねられる。五輪にはアートの業界も糾合されていきます。一九世紀末に近代オリンピックが始まって以来、特に植民地支配からある国が独立するとオリンピックに参加するという構造になっていく。それはある意味「人類の輪」の中に入るということでもある。元々古代には都市国家の市民である成人男子だけが参加していたところに、近代五輪には二〇世紀になると女子も参加する。障碍者も参加する。あらゆる人種、民族が参加する。LGBTも参加する。文字通り、「参加することに意義がある」というわけです。

しかし、帝国主義時代のヨーロッパが古代ギリシアを範型に作為した「人類の輪」に入ることが、何か普遍に触れることのように刷り込まれていないでしょうか。このように表象される「人間」はまさに能力で定義される存在です。その能力が理性など動物にはない能力として定義されるとき、「尊厳」ということも「人間」の範疇に限定されるかぎり、ある意味パラリンピック的な能力主義の枠組みに引き寄せられてしまうところがあるような気がするんです。「尊厳」という大切な言葉を、その枠をはみ出すような形で考えられないか。おそらく劇団態変は、三〇年の活動のなかで、ひとつはその方向を探られてきたのではないかと思うのですが。

金　どっちにしても金銀銅でランクつけてますもんね。それの一等賞とらなあかんっていう枠組みに障碍者というのはそもそも合えへんから殺されていくわけで、そのなかでまた、障碍者に一等賞とらすようにしようというのは……。

鵜飼　まず言葉が貧しいですね。千差万別の違いがあるのに、「障碍者」という同じ言葉で表されること自体おかしいですよね。パラリンピックに参加できるような障碍者はごく一部の人なのに、パラリンピックに関与すると障碍者を尊重する運動に参加した気になる、その根本的な欺瞞性。でもできるだけたくさん一等賞をとって、オールジャパンというストーリーをつくりたいわけで……。本当に恐ろしいことです。

金　障碍者を排除し抹殺するほうが本音のくせに、そういうところでだけオールジャパンっていうのが気持ち悪くて……。

鵜飼　「国民的一体性」という話になると、戦後直後は旧世代の人たちの多くは相変わらず天皇を崇拝していたようですが、戦争中に育った私の親の世代はもう祝日に玄関に日の丸を出したりしなかったし、むしろ嫌っていましたね。君が代だって一時は、子どもたちの多くはテレビでときどき耳にする相撲の歌だと思っていたほど落ちぶれていました。旗も歌も放置すると「威力」が失われるということで、一九九九年に「国旗国歌法」が制定され、公立学校で反対派の教員が孤立無援で迫害される事態が起きました。その過程を完成させるのが二〇二〇年の東京オリンピックです。それにしてもオリンピック、日の丸、君が代、元号、極めつけは教育勅語ですが、この国の支配階級からはどうして新しい統合のツールが出てこないのでしょう。

最近は特に「昔はよかった」モードになっていますが、実は東京でもオリンピック、全然盛り上がっていないんですよ。反対できない空気がある一方、盛り上がっていないことも事実で、そこで組織委員会が頭をひねった案が、東京オリンピックのときの東京五輪音頭を新しいバージョンにして渋谷の街を練り歩くというものでした。ネットではやめてくれの大合唱。半世紀前の三波春夫の歌をいま持ち出してどうするんだという……。

金　あ、新しく作るんじゃなくて？　あのときの「あの日ローマで〜」とかいう……。

鵜飼　ただでさえ人の多い渋谷で迷惑千万といった声が多く、ものすごく不人気です。だけど、そういうアイデアしか出てこない。森（喜朗＝組織委員会委員長）テイストなんでしょうね。

司会　もういっそのことそれやったらええねん。（笑）

鵜飼　金さんが個の問題って言われたとおり、いまの憲法で、やはり手放せないのは、一応個人を中心にした権利保障の理念が明記されていることですよね。それを自民党の改憲試案は全部なくしてしまう。二〇〇〇年代の初めには、憲法二四条まで手を伸ばしてくることはちょっと想定できなかった。男女同権規定ですけど。改憲試案では男女同権より前に家族がくるんですよ。

金　えっと、二四条って……。

司会　「婚姻は両性の合意のみに基づいて」でしたっけ。それが、「家の意向で結婚させてもいい」ということになる。

鵜飼　すごいですよ、逆行のレベルが。日本会議（憲法改正などを唱える保守系団体）が描いている社会像はそういうものなのでしょうね。

金　でもそんなん本当になるんですか？　そんなことやられっぱなしで国民はそこまでアホなんですか？

鵜飼　元来私たちが恐れていたのは、九条だけ外科手術的に変えてあとは手をつけない「ふつうの国」志向の改憲でした。ところが右翼からすると、九条を変えるだけでは戦争のできる国にならないようです。個人を核とした人権、権利保障を奪う必要があると考えている。最近安倍はそれだと全然話が進まないことに気がついて、公明党案を部分的に飲むかたちで「加憲」型改憲を唱え始めています。九条に三項を加えて自衛隊の存在を明記するという案ですね。合理的発想に立ち返ったというより焦りの表れのように見えますが、イデオロギー的な右派や石破茂のような自衛隊の代弁者からは異論が出ています。

金　最終的には人権か。共謀罪もつくって、一般人には人権はないと、人権を奪うということか。

鵜飼　形式的には認めつつ、いつでも非常事態の名のもとに停止できるような体制をつくろうとしているのでしょう。自然災害を真っ先に持ち出しますが、戦争を想定していることは明らかです。

金　冒頭の話に戻しますと、相模原の事件って、一般国民の意識というものを慣らすために、起こされたことという感じまでしてきますね。ふつうやったら政府が率先して絶対あれは許さん、と。

鵜飼　世界中、プーチンまでが恐ろしい事件だと言っているときに、日本政府は明確な態度表明を避けました。

金　国家存亡のときは障碍者から殺してもよいという実例を一つ、意識に刻みつけた事件ともいえますよね。

鵜飼　そう思いますね。この犯罪は世界史的な事件です。日本国内のみならず世界に向けても、新たな殺戮的な権力行使の一種の宣言としての意味を持ったと思います。相模原事件を世界史の問題として論じる必要がありますね。

金　本当にそうですよ。だから今回も特集を組んで、多方面の人たちと危機意識を共有しようと思っています。今日は長い時間、ありがとうございました。

（二〇一七年七月）

激する女のバトル

上野千鶴子×金満里

Chizuko Ueno, Manri Kim

目を釘付けにする

上野　最初に態変の公演を見たときは、そりゃ強烈なインパクトでしたよ。

金　上野さんは京大西部講堂（一九八三年）での旗揚げ公演、見たよね。

上野　これまで見たことのない、どこにもない表現でしたから。その人にしかできない、真似してやるものでもなく、意図してやるものでもない。振り付けるものでもない。障碍者の身体の固有性をそのままに出していた。

金　そうそう。初めに必要だったのは挑発だと思う。障碍という言葉も含めて、いろんな要素が網羅されてたという気がするね。表現性をそこに潜めながらね。挑発でガーンとショックを受けさせる。

上野　たしかに戦略として効果がありましたね。

金　そう、それで釘付けにさせることが絶対大事でね。「もう目が離せん。何をしでかすか、次は」、みたいな。舞台上で事件起こさなかったら、次の強烈な展開にはならへん。旗揚げから二十三年間で身体表現というとこに展開していくわけやけども、そのときに、釘付けにするっていう初めの押さえがないとね。ずっと身体表現の模索中みたいなことでは、観客はなかなかついてこなかったと思う。

上野 最初のころのような挑発は、いまでも必要ですか。

金 最初のような挑発はねえ、あんまり考えてない。でも、控えめにやるよりもキツイ目にやれって言う。それはもう全部含めてよ。

「自己主張」と「伝える」

上野 どんな表現も自己主張だからね。

金 そう。でも自己主張だけでは伝わらない。自己主張ではなく、表現は伝わらないと意味はなさないと思う。「伝える、というのをどうとらえるか」が障碍者の表現ではすごくむずかしいと私は思う。見ているのはほとんど健常者やからね。見ている健常者の価値観に合わせて伝えてもだめなんよね。健常者に理解されやすいところは動きでも敢えて外す。人間って共通的な動きで初めて相手に伝わったと思いやすいんだけれども、そういうところでは自己主張的な障碍者の動きを使って、魂の表現で伝えないといけない。

上野 「これならわかってくれるやろう」というのは、観客に対する媚びですね。

金 そうそう。相手にわからせるいうことは、相手の土俵に立つので。自分の土俵、自分のよさを、十分わかったうえで、それを出すことを自然の中でやりたいのね。

上野　舞台の上に障碍者しか乗せないというポリシーはずっと続けるつもり？

金　これから先、わからないけどね。なぜかというと、健常者の魂っていうものを問題にしていくとね、結局、私がやってる表現は魂の表現でないとだめだというところがいちばん重要。やりにくそうに見えてるものは、日常生活では、ただの「やりにくそう」。舞台に上がるとそこに魂が宿ってくるわけ。魂としての表現をやりたい。魂いうものが語り出すような身体というのは、健常者でもものすごく出てきてる。私がいまレッスンやってる研究所では。それはいいですよ……、本当に。

上野　あなたは、障碍者アートと呼ばれるのを拒否して、自分の目指してる身体表現の普遍性を主張していましたね。障碍者／健常者という区別をなくせば、どんな人でもなにがしか不自由な固有の身体の持ち主だということになる。あとは身体の他者性に本人が自覚的かどうかだけの違いですね。

金　それもね、個別の身体に価値を置いてやろうと思ったら、健常者のほうが、ものすごい困難やね。

上野　そうだと思う。身体に無自覚でいられることが「健常者」であることだから。

金　自分の体は自分のものと思ってるから。分かちがたく、もう渾然一体になってるからさ。それを、私は厳密に言えば「障碍者性」という言葉を使うわけ。障碍者性と健常者性というものが、自分の中で分かちがたいというところから、分けないとだめだろうと。健常者性というのは、社会を通じて、○《マル》をもらえるほうね。これをしたら○ですよっていう。

上野　○をもらうために自分を矯めながらね。実際には自分の身体を鋳型にはめて切り刻みながら、苦しんでる子たちがいっぱいいる。最近、自傷系の子が多い。自傷系の子は、自分の身体に暴力をふるうことで初めて身体を確かめてる。

金　上野さんが『さよなら、学校化社会』（太郎次郎社）の中で書いてはった、痛みっていうことを自分に課して初めて自分の体ということがわかるというのは、そうだと思う。身体感覚というのが、ものすごく鈍感だと思う。

身体論は必要

上野　『at』（太田出版）ってマイナーな雑誌に、「ケアの社会学」という連載をやってるの。今回の章のタイトルは「ケアされるとはどんな経験か」なんですが、ケアされるということを、ケアされる側の人が言語化して表現したものが少なすぎる。今回、あなたから送ってもらった『イマージュ』の連載「身体論」は、ものすごくグッドタイミング。思わず論文に引用しました。金さんのことを「被介護経験のエキスパート」と書いたのは失礼でしょうか。あなたは「肉親以外の介護を毎日違う人たちによって受けることで見えてきたもの」という自分の被介護経験を、こう書いてた。「私の身体を自分の意志で動かすことができないので、他人の身体を使って自分の身体を管理しているということ。自らの身体を命がけで介護という他者に預けることで、他者としての身体を必死にとらえようとする」。そのとき、自分の身体が固有性を持ってるのと同じくらいに、健常者と言われている介護者の身体も、それぞれに固有性を持っている。介護って、そういう二つの固有の身体の出会いだっていうことを実感したと書いてたでしょ。身体のもってる固有性って、すべての人にある。癖とか歪みとか、できることやできないことや、体の硬さや柔らかさや、一人ひとり全部違うわけよね。一対一の介護の関わりのなかで、身体と身体との関係ができており、相手が変わると当然ながら身体同士の関係も変わる。同じ身体の持ち主でも、日や体調によっても変わる。そうやって身体をとらえていったら、どの身体も、単に個別であるだけで、その個別性の間に健常者／障碍者と線を引くことってできなくなってくるのが、あなたの文章を読んでいてよくわかった。

金　うーん……、だけど、線引いてる、無意識に。健常者のほうは、それを個別性となかなかとらえれずに、ふつうという感覚で縛られてるものがあるわけ。だから健常者は全然気がついてない。

上野　自分の身体に対してそれだけ感受性を失ってるわけでしょ。

金　機能性がそれを奪っているんと違う？　機能を果たすものが体やと思っている。

高齢者になって気づく

上野　自分が年齢をとってきたせいで、高齢者研究を始めてから、いろんなことがわかってきたってことがある。身体表現を考えても、バレエとかスポーツとかは、身体が自分の統制に一〇〇％従うということを目標にしてるわけね。ところが身体が自分の統制に従わないときに、身体は自分にとって言うことをきかない他者になる。脳梗塞で半身麻痺になった人とか、中途障碍者もそうだと思うんだけど、自分の統制に従わなくなった身体が、突然よそよそしい他者になる。にもかかわらずその身体が自分に属している、否定しがたい自分の一部であるという経験を持つわけね。だけど、そういう中途障碍を経験した人に限らず、だれにでも、自分の身体が自分にとって言うことを聞かない他者であるという感覚はあるんじゃないかな。気がつく気がつかない、敏感か敏感じゃないかって差はあると思うけど。それはだれにとっても、普遍的な経験のはず。そういう身体の他者性に気がつかずにいられる、鈍感でいられれることが、「健常者であること」と言えるかもしれない。

金　私の言葉で言うと、体は自分のものと思ってないのね。体という一個の人格があって、それとつきあっている自分があると。だから、表現を教えるときに、体自身がほんとにそれを語りたいと思っているかどうかが問題。それを無視して「やっぱりこうあるべきだ」って頭でコントロールして、いいカッコ、のつもりというか身体表現て健常者ふうにやることがいいカッコとなってしまうわけで。いかに外側から体を見て動かしてるか、と言うんだけども。

上野　そういう身体観に到達したのは、あなたが障碍者だったから。それはとっても大きい出発点だよね。それを抜きでいまのあなたの表現はないでしょう。

金　そうそう。健常者の身体表現の追求の仕方というのは、身体が別の人格というような発見はなかなかしないわけなんよね。

上野　健常者は、身体を完全な統制のもとにあることをもって、よしとするわけね。私は自分の身体感覚が鋭くないと思うけど、それは言語的な人間の限界。その代わり、言語に何ができ、何ができないかという、わきまえを持ってる。言語が全能だとは思っていない。私にとっては、右脳型の自己表現ができる人、パフォーミングアートとか音楽家とかは、嫉妬と羨望の的ね。

金　そういう、理論で分析しようとやってるのは間違いなんや、という意味で言っている?

上野　間違いというより、言語の限界をわきまえるという意味。言語でできないことをやってる人たちを、言語で領有することはできない。あなたの身体表現を見ていると、パフォーミングアートがずっと目指してきた方向、身体を一〇〇%自己統制のもとに置こうとする方向とは逆を向いてる。それをどう言語で表現していいかはわからないけど。

美醜について

上野　身体が、自分の言うことをきかない他者だっていう経験には、もう一つ、美醜の問題がある。ほとんどの女にとっては、自分の顔が気に入らないんじゃないかしら。

金　それが他者になる?

上野　『自分の顔が許せない!』(平凡社新書)という、顔にあざのあるユニークフェイスの石井政之さんと、整形美女で有名な作家の中村うさぎさんが対談した本があるの。うさぎさんが、自分の顔にメスを入れて整形をくり返した結果、「私が獲得したものは、自分の顔が他人だ、ということだ。だから、自分の顔に責任を持たずにすむ」と。顔にこだわったあげく、突き抜けた人のみごとな発言だと思う。

金　女でなかったらこういう表現してないというのは、確かに美醜よね。在日の家庭っていうのは独特のボキャブラリーの価値観があって、特に男尊女卑がひどい。女というのは、もう褒め言葉に「ブス」と「綺麗」っていう言葉をすぐ言う。韓国語で「モンナイ」って言うとブス。綺麗なときはあんまり言わないけど、ブスに対しての言葉を日常的にふつうに言うのがすごく強い。

上野　そんなの在日だけやない、どこにでもあるわ。

金　うっそー。日本の感覚は、感覚としてはあっても、そういう言葉を投げかけるか?

上野　そんなことない。日本の家庭の中でも日常茶飯事。例えば、ボーヴォワールはなんで学者になったかというと、「おねえちゃんと比べてあんたはブスやから、学問でもしないと生きていけない」て、小さいときにもっとも身近な親から言われ続けたからだそうよ。

金　私の場合はね、その逆。「かわいい顔してるのに体がこんなんで」て言われるんよ。体を否定するために、顔のこと言われるんやなあと。だから綺麗、美しい、ブスとか醜いとかの言葉に対しての、ものすごい拒否感。それを投げかける人は、ほんとにそう思って言ってないのがよくわかる。だから、体が重度障碍で、美醜を問題にされる女でっていうところでの、おんな性が、逆にすごく塗りたくられてしまう。おんな性っていう目で見られてることがものすごくいやになったわけ。

上野　それは程度の多少はあっても、どんな女の子でも日常的に経験してること。このところ障害学に限らず、当事者学が続々出てきた。それなら美醜学があってもいい。容貌を論じるのは学問のうえではこれまでタブーだった。それにだれでも多少なりともコンプレックスがあるから、口に出したくない。どんな顔を持って生まれるかは自分で決められないし、責任もとれないのに、それが人間のアイデンティティの核の中に根深く食い込んで、トラウマにもなっている。そういう現実をやっと認めて口に出せるようになってきた。それが学問の対象になるなんてだれも思わなかったけど、なるような時代がやってきた。

金　だけど表現的に言うとね、醜さっていうことから発するほうが非常に力がある、いい表現になるわけ。美しく見えるとか、綺麗におさめることではなく、醜いとか、目をそらしてしまうような。障碍自体の動きっていうものもそうなんやけど、世間は目そらすけど、そのことを表現のいちばん核にするのよね。その動き自体の持っているすごい波動というか、震わすもの、まわりが全部震えて逃げたくなるほどのすごいものっていうのが、そこにあるという感覚ね。

上野　あなたは戦略的に挑発としてやったって書いてたよね。

金　挑発するために障碍の動き自体を出すのではなくて、「障碍者や」という言葉を言いながら挑発するってことをやってたわけ。「君らにとっては障碍者や」ということで、旗揚げのときの『色は臭へど』の酔っぱらいの演技とかね。障碍の動きをわざと出すわけじゃない。

おんな性

上野　顔だけじゃなくて、身体の外見から、生殖能力まで、「こうでなければ、おまえには女の資格がない」という判定を、女はガキのときからずうっと受け続けてる。短大で教えていたとき、女子学生に「女に生まれてソンかトクか」ってレポートを書かせたことがある。五〇人のうちの二人が、「こんな問いは私には関係ありません」って書いてきた。「なぜなら、私はブスだから」。自分が女にカウントされず、女の資格がない。そういう私にはソンかトクかの問いすら成り立たない、って。それが私には、いまだに棘になってる。

金　はあぁ、それほど。損だと言う資格があるのは、まだましなわけ。

上野　小倉千加子さんが『セクシュアリティの心理学』（有斐閣）で、女にとって思春期とは、年齢にかかわらず、自分の身体が男の欲望の対象となることを自覚したときから始まる、って書いてる。卓見だと思う。つねに他人から、女としての有資格者かどうかを判定され続けて一生を生きる。そのうち年とってきたら、「ばばあ」と呼ばれて、「賞味期限切れ」と言われる。あなたも、そういうなかで、自分の中にある女性性とどんなふうに折り合いをつけていくかに苦労してきたと思う。私はうまく折り合いがつけられなくて子どもを産みそびれたけど、金さんはお母さんになってるのね。

金　もう子どもは二十歳です。

上野　安積遊歩《あさかゆうほ》（骨形成不全症のピアカウンセラー）さんも、自分が女であることに合格するかどうかのテストに、こだわってたって言ってる。結婚して、妻になって、そのこだわりからやっとの思いで卒業したって。

金　私の場合はある意味ね、表現としての「おんな性」っていうものは肯定してる。否定と肯定がものすごく入り組んだ状態で、個人の上にあるわけでしょ。身体的に非常に否定されながら、女の枠に入れられないことが、どれだけ自由で得したというか。もしかしたら、女扱いされないことの有利さというので、障碍っていうのは、ものすごくよかった。私は障碍者になりたかったのかもしれないというふうに。（笑）

上野　それは後になって選んだこと。偶然を必然に転化したのね。（笑）

金　綺麗な女の人生とか、他者からの見られ方っていうので自分の人生はめていくわけよね、大なり小なり。ものすごくしんどいことやろなあって思うよね。だから私の表現からいうと、いかに期待されていない身体のままで、自分の全部を肯定できるかという、そういう存在であるというところの表現なんや。

上野　その中に母親になるっていう選択もありました？

金　母親になる選択はなかった、全然。

上野　その選択は別のところから来たの？

金　そうそう、偶然（笑）。子どもがほしいとか、生めない生めるという悩みは全然なかった。

上野　女であることの資格審査に合格するかどうかの基準に、生殖の問題があるよね。だから生殖を強制されても、逆に禁止されても、そのことにこだわらざるをえない。偶然から母になれただなんてラッキーすぎるかも。ふつうは自分の人生を決めるような大きな決断をするのは、簡単なことじゃない。

授乳するということ

金　私自身が憧れていた母親像があったとか、子ども持ちたい幻想があって、子どもができたのと全然違う。

上野　こちらのほうは、偶然を必然に転化したわけではなかったの？（笑）

金　それは必然ではなかったね。でも、子育てすることで、向き合わされる自分に初めて気がついた。母親の存在は、おっぱいやるときから出てくるわけよ。社会から、母乳をあげることと母乳をあげられないことでまた選ばれる、選ばされるのよね。「母乳で育てたほうが」とか「母乳でないと」というような、価値観があるわけや。だけどそれとはちょっとちゃうけど、私は始めに母乳で育てるって決めた。粉ミルク作るのじゃまくさいから。いちいち介護者に言わないとあかんし、温度管理もあるし、そんなことはとてもできないわと。自分の体から乳出すほうが簡単というわけで。だけど食いつかんのよね、赤ちゃんが。ふつうの抱き方で飲ませられないから。そこで横になったり、色々工夫するわけよ。そのとき首も座らない赤ちゃんを足の上に太ももで跨がして、首を支えて前向きから食いつかす方法をあみ出した。それまでぎゃあぎゃあ泣いて食いつかなかったけど、その方法をあみ出して、「あ、こりゃええわ」と思ったんだけどさ。赤ん坊がどうもしっくりいかない。そのときに、「ああ、もしかして、物体と物体として、乳やるとか飲めとかだけやったらあかんのや、ここはやっぱりかわいいと思わないとあかん」と思って。

上野　思ってなかった？

金　やー、ほんとに気持ちの底からわき上がってくるなんてことないよ。「かわいい〜」とか言うの、うそよあれ。

私は帝王切開だったので、自然分娩の姉に聞いてみたわけ。「生んだ瞬間、かわいい？」って。そしたら姉の返事は、ものすごい難産だったんで、「顔見たとたん、憎たらしいと思った」って。「かわいさ」ってちょっと距離のある他人に感じるものやねん、なんとなく。自分が生んだから、自分の中から出てくる愛情なんてないわけ。だから私の場合、かわいいって心から思わなあかんの違うかっていうふうに思って、「かわいい、かわいい」って言って話しかけたら、吸うようになった。「かわいいよ、かわいいよ」って自分で言いながら、自分もそういう気持ちになる。なかなか形だけで、おっぱいあげられるとか、吸い付くとかいうことではない。初めから親ではなくて、一生懸命訓練して親にならされるという。

上野　偶然からとはいえ、母になったことがあなたの表現に影響を与えたって書いていましたね。それを見てみたいものです。

性教育叩き

上野　安倍内閣になってから、「ジェンダーフリー教育は許さない」っていうバックラッシュ派の山谷えり子が教育再生担当の首相補佐官になった。彼らの言う「過激な性教育」をやっているという理由で、都立の七生《なな お》養護学校の性教育が摘発された事件があります。もともとは都立の養護学校で先生たちが、障碍児が性的な被害に遭わないように、「こういうときには気をつけなあかんよ」っていう教育をする際の教材の人形にちんちんとまんこがついてた。それを押収して、写真を撮ってばらまいて、「こんな過激な性教育をしてる」って宣伝に使われた。だから性教育や障碍児教育がターゲットにされてる。

金　教育つぶしやるときは養護学校からやるねえ。

上野　扶桑社版の「新しい歴史教科書」の採択も、都立の養護学校が最初でしたね。いちばん弱いところから攻めていくんや。

金　ひどいよねえ。私なんかは中学のとき、「性教育やってくれないのか」って教師に文句言った。月経が始まっても、性教育全然されてないから、先になった同じ年ごろの子が泣きわめくわけ。ショックなわけよ。

上野　何が起きてるか、わけわかんなくてね。

金　そんな状態でも、「この子らには性教育は関係ない」というような感覚やから、私が抗議して。保健体育の先生に「おかしいと思います」とか言って。でもとりあげない。看護婦さんの職員が一人いて、勇気を持って、私らのうちやってほしいと思ってる子だけ集めて性教育やってくれたんやけど、批判された。

上野　そのころと比べていまいまは変わりました？

金　変わってないでしょ。全然。

上野　七生養護学校は、そういうことに自覚的な先生たちがいる、先進的な性教育をやってたところだったから、そこがターゲットになった。いまの東京都はほんとにひどい。古いとか遅れてるとかじゃなくって、石原都政になってから変わった。石原都政の前はそうじゃなかった。怖いのは全国が「東京都化」することよ。

金　なんで性教育をしないの。したらなんでだめなの。

上野　私に聞かんといて！　私はバックラッシュに対抗してる側だから。行き過ぎた性とかっていうのが、「健全」な人たちが眉をひそめるターゲットとしていちばんわかりやすくて、結束しやすいからじゃない？　モラル・マジョリティ（道徳的多数派）は「正義」を看板に結束して、そこからはみ出した者を標的としてとことん叩き落とす。いじめの構造と同じね。私もその標的になってます（笑）。私はどうやら「危険な女」らしい。女が結婚しないのも、子ども生まないのもフェミ（ニスト）が悪い（笑）。フェミニストはシングルマザーや離婚を奨める家族破壊者で、「国家の敵」やねん。

金　「過激な性教育」ってよくわからへん。なんで「過激」かねえ。

上野　私もどうしてかよくわからない。性教育をやめたら、事態がよくなるかというと、逆にもっと悪くなるでしょ。現実にこれだけの性情報がマスメディアに氾濫して、子どもが間違った性情報にさらされているのに。それに学校でもセクハラの問題が起きてる。叩けば埃が出るわ出るわ。私はセクハラに関しては、男は一切信用しないことにしてる。「まさか、あの人に限って」は成り立たない。社会的弱者叩きは、マジョリティの人たちの不安感や危機感が強まれば強まるほど、大きくなると思う。弱者は多数派の同情を買っている間はオッケーだが、自己主張し始めたとたんに叩かれる、っていう構図ができてますからね。

障害学への不信感

金　「障害学」という、障碍自体を学問として体系立って考えるという話がちらちら出てるんだけども。そこの本に態変のことを書かれて非常に迷惑して、怒ったのよね。態変のやってきたことは全部そこに吸われてしまうような気分。

上野　「障害学」はまだ生まれたばかりの学問。そんなに大層なもんやと思わないほうがいいと思いますが。

金　障害学というものが物をつくったということはまだ全然ないと思うよね。ないなかで私らが一生懸命やってきた部分を全部位置づけてしまうと、それで障害学自体の位置づけみたいに、障害学やってる人は勘違いしているわけですよ。だからそういう勘違いでかすめとるなと。いずれのカテゴリーにも属さないというところがいちばん私のやりたいこと。「アウトサイダーアート」とか、障碍者芸術であるとかいうものがヨーロッパやアメリカにあるんですけど、そのカテゴリーにも入れられないように必死にやってるわけ。その概念のない時代から芸術一般としてやってきた。だから「障碍者の」という範疇に入れられてしまうと、やる側の問題というよりも、求めているまわりの側がそこに押し込めてしまう発想を得て、それ以上もう出られなくなるんです。障碍者の場合、特にその「障碍者アート」というものに入れられてしまうと、福祉や慈善の対象になってしまうわけ。一般芸術としてやってきたのに、障害学いうものが、態変のやってきたものをからめとってそれを障害学の最たるものと位置づけてしまうようなことは、私らにとってはそれ自体がものすごい迷惑なんよ。

態変の土壌

金　「青い芝」を作った長老で横田弘さんという方がおられるのですが、その人が本を出すということで、三年前くらいに対談をやりました。その「青い芝」の運動とか障碍者運動を抜きにして態変は語れないし、それは認めますよ、絶対。

上野　障碍者運動抜きにあなたのいまの活動はないと思いますが。「女でなければいまの私はなかった」というあなたが、「障碍者でなかったらいまの活動はしていない」ということを否定する理由はないと思いますが。

金　そう。態変の土壌としては絶対肯定だけど、運動があったから態変があるという言い方が、ほんとに正しいかどうかとなると、違う。正しいとらえ方いうのはいろんな方向で、一つにおさまらないほうがいいと思う。だから障碍者運動を抜きにしては語れないけど、障碍者運動がなかったらこの方法をとってなかったかというと、また別問題。芸術性への私自身の見方なり、考え方なり、興味なりがないとこういう形にはならなかっただろうから、障碍者運動だけでは語れきれない。

上野　障碍者運動はいいけど、障害学はだめなの？

金　全然ちがう。障碍者運動は現実にあるもの。

上野　障害学も障碍者運動から育った学問だと思いますよ。後からやって来た学者づらした人たちがレッテル貼って上前をはねることに対しての怒りはわかる。でも、障害学の担い手はそういう人ばかりじゃない。それに後から来た人が、あなたを一つのモデルにしたい、と考えることは彼らの自由じゃない？

金　そのプロセスは共有しなければだめだと考えるんです。学術研究は独立しているから、そこでの興味は勝手だと言えるんかな。

上野　実際に「障害学」をやってる人たちは、「そんなもの学問か」と言われながら、実践と研究の境界線で必死になって闘いとってきてる。障害学の担い手にはそういう切ない気持があると思う。

金　それがあることと、こちらが戦略的にそこへ組み込まれることのマイナスとはやっぱり別やね。

上野　あなたの生き方を、後から来た人たちが自分のモデルにする。それはいいのと違う？　例えばジョージア・オキーフは自分のことをフェミニストとは決して認めなかったけど、後から来たジュディ・シカゴがフェミニスト・アートの先輩として彼女を尊敬したようにね。

金　それは、もうどう使うかっていうのは歴史の問題で、そこまで関知できないというのは事実。しかしいま現実に私は生きているわけよね。劇団態変は現実に現在進行形で活動していて、障害学と全然関係なく活動してきている。学問的裏付けがあってやってるわけでもなく、劇団態変の活動そのものは芸術として受け止められる土壌をつくり上げている。そういうところで、障害学の側がものを書きたいとなれば、私は現実に同じ時代に同じところで生きてるわけだから、フィールドワークもなしに無断で論文なんかにしてはいけないし、ましてや活動している者にとって不利益な論を張るなんて、学術研究としてそんなことが目的だとしたら、障害学自体が言語道断ということになるよね。

学問する立場って？

金　障害学のほうは「やむにやまれず」というものがないよね。健常者の学問の学派とか派閥とかの一つの形でしかない。

上野　そう見える？　実際にやっている人たちはもっと切実だと思うよ。女性学だって始まったころは、実践と切れたエリート女の知的なお遊びと思われたことがある。担い手はもっと切実で、やむにやまれぬ動機を持っていたけれど、学問の文体からはそれが伝わらなかったのね。そう見えるとすれば、いまの障害学のもっている未熟さかもしれないけど、あなたの目にはすべての障害学がそう写るの？

金　すべての障害学を知ってるとは思わないけども。少なくても私の行っている態変に関して、そういうことをやられてね。法に訴えてやろうかというほど頭に来たんよね。でもね、構造としては、障碍者の実態を研究するという視点に立つということは、いまこの状況で、研究してる人らの主体は問われなければならないと思う。

上野　それはそう。『べてるの家の「当事者研究」』（医学書院）っていう本が去年出ました。障碍者のなかで自己決定能力をいちばん奪われてるのは、知的障碍者と精神障碍者。当事者能力がないと思われているから。「べてるの家」は精神障碍の当事者による自助グループの一種で、ピアカウンセリングみたいなやり方で、自分の妄想や幻聴や、苦しみの中身について分析しながら情報発信してる。耳元に「死ね、死ね、おまえなんか死んでしまえ」っていう幻聴がつきまとって離れないみたいな訴えを共有していくなかで、そこで何が起きているかを言語化していくわけ。一人でできないから、当事者の仲間同士で共有しながらね。それを「当事者研究」て呼んでいる。それを読んで、当事者が自分自身についてこれだけ雄弁なときに、いったい専門家と言われる人に何ができるのか、強烈な問いを突きつけられた思いでした。

上野　それは障害学じゃないんでしょ？

金　それだって障害学よ。その人たちがいままでは精神医学会とかに呼ばれてる。医療の専門家たちが、当事者の声に耳を傾けるって動きが最近ようやく生まれてきた。これだって障害学の立派な成果です。

上野　そういうものもあるということね。

アーカイヴの意識

上野　劇団態変について研究したいって、やって来る人もいるでしょう。そういう人たちも受け入れてるの？

金　受け入れて、とことんやろうとするのよ。でも、全然論文としてオッケーを出せない。こっちの言いたいこと、ほんとに理解してるかどうか。インタビューやらを「ここはこういう意味じゃないだろう」というところまで指導するのよ。

上野　それはとっても教育的。

金　指導するけど。もう最後は締切で、担当教官との話で学会に発表するということになっているのに、ひどい内容を作ってきてね、「これでどうですか」って。「もうやめてくれ」って、ボツにさせた。

上野　そういう例もある？

金　人類学とか多方面から来ても別に拒否はしないで、ちゃんとやれという前提で受け入れるんだけど。根気と創造力、イマジネーションのなさね。覚悟がない。「覚悟あります」と言いながら、ない。
上野　これまで金さんの判定で合格したのは一人もいない？
金　大学院とかではねえ、おらん……。
上野　彼らもその過程で鍛えられるでしょうね。
金　どうなんかな？　鍛えられてるとは思えないけどな。
上野　それは残念。話を聞くと、ずいぶん手間ひまかけて教育してるように思えますが。
金　そうよ。海外公演やるいうようなときにさあ、論文が届いてきて、添削やるけどさあ。
上野　その教育に耐え抜くタマはおらん、か。
金　おらへんねえー。上の担当教授もあかんの違う。
上野　学生を指導している教員の責任も問われるとなると、私もうかうかできませんね。障害学という看板ができたせいで、そういうテーマを選んでもいいと思う学生たちが出てきたんですよ。学生が金さんの教育に耐えるだけのタマかといえば、期待薄かもしれないけれど、彼らにも学習してもらわないとあかん。
金　そうそう。学習になってないからなあ、相手してても、みんなそれぞればらばらやもんねえ。
上野　さんざんそういう思いをしてきたようね。
金　もっとちゃんと根気入れてやってもらわなあかんと思うよ。だって態変なんて世界的にいうとすっごい資料やねん。いまやってんの、世界遺産やと思ってる。

上野　あはは！　たしかにそう。世界のどこにも比べるもののない、まったくオリジナルなパフォーマンスだものねえ。
金　いまから資料とかは大事に残しとけって、事務所にもそういう体制とらせてる。
上野　それは大事。パフォーミングアートは時間とともに消えますからね。
金　だから記録性っていうの？　アーカイヴの意識っていうものを持ってね。
上野　記録することは非常に大事。伝達し継承するということに対して、あなたは使命感を持ってるわけね。
金　持ってるから怒ってるわけや。

ちゃんとした研究を

上野　どんどん怒ってちょうだい。相手があなたの怒りに耐えて育つタマかどうかはわからないけど。障害学だっていったん看板を上げたら、いろんな人が来ますよ。「障害学を研究テーマにします」っていう学生たちも育ってきている。女性学だって、全然なかったころのことを考えたら、へんなタマも来るけど、ないよりはずっとまし。看板さえ上げられなかった時代が長かったわけだから。
金　女性学がその運動と二人三脚でやってきた実態はわかるけどもね。女の人生からしたらさ、ものすごく分析して、多方面からなにか提案できることとかがあるのとちがうかと思うけど、少ない障碍者の中で、当事者で研究者となると、エリート意識で健常者幻想にますますからめとられるのが多い。そういう障碍者が障碍者学やとか、健常者でもちょっと介護したからって、「障碍者学の講師やってますから、話、聞かしてください」。そういうとらえかたがものすごい健常者幻想やし、学問なら許されるという横柄さには堪えられへん。

上野　そういう人もいるかもしれないけど、それだけじゃない。

金　土壌として、二人三脚になるまでの力っていうのは、障碍者運動からしたら圧倒的に学問のほうが遅れてるわけ、実態として。そこの距離の遠さ。当事者がほんとによくやってくれたって喜ぶ研究でないと、もっともっと掘り下げないとだめだと思ってる。

上野　だからといって、たらいの水ごと赤ん坊流すみたいに、ようやく出てきた障害学の芽を摘んでしまうのは困る。障害学なんていっそないほうがいいと思う？

金　私はないほうがいいと思う。

上野　障害学を批判的に見る人は絶対必要だけど、もっと長い目で判断してほしい。

金　障害学でなくっていい、態変の研究をちゃんとやるのは。身体論であったり哲学であったり。

上野　心配しなくても、いずれ必ずそうなりますよ。障害学はまだ生まれたてだから、ちょっとでも成果に思えるものは、自分たちの財産目録に入れたいという気持ちもわかる。

金　ああ、標本にされてるような、気持ちが悪い。上野さんて障害学なの？

上野　あたしは女性学。それに私はもう高齢者ですよ。高齢者になるってことは、自分の体がどんどん、他者になってくこと。高齢者は障碍者から学ぶことがたくさんあるって話をあるところでしたら、障碍者を自称してる人からすごく怒られた。「僕らはべつに、あんたらのお手本になるために生きてるわけやない」て言われて。それはもっともよ。けれど、お手本にするのはこっちの勝手や。

女性学のほうが障害学より歴史が長い。長いから学問の制度化やら世代間ギャップやら、色々な問題も次々に起きてる。いったん看板上げたら、女性学やってる人も色々いてはるから。それでも女性学が生まれてよかったことのほうがずっと大きい。だから障害学もまだ生まれたてだから、もう少し長い目で見てやってください（笑）。

金　まだ女性は何といっても世界の人口の半分やんか。障碍者は絶対的少数。そのものへの学問なんて、健常者にとって有利な材料としてしか成り立たないという思いやけどね。

（二〇〇七年一月）

いま表現に求められること

高橋源一郎×金満里

Genichiro Takahashi, Manri Kim

『恋する原発』と『虎視眈眈』

金　『恋する原発』（講談社）、昨晩読み終えました。これは高橋さんが、３・11の原発事故のあと『群像』誌に発表されたんですね。「大震災チャリティＡＶを作ろうと奮闘する男たちの愛と冒険と魂の物語」って、帯に書いてます。

高橋　そう、「ごめんね、ＡＶで」とか言いながら、「被災者のみなさんの役に立ちたいんだ」ってチャリティＡＶ作るんです。ミュージカル仕立てで。

金　始め読んだとき、「もうしんどい、これ。（笑）なんかもう、読むのつらい。どうしよう」って思ったんですが、その後どんどん引きこまれていって。ＡＶ女優のヨシコさんが、小学校四年生の女の子に「性とは何か」というのを教えるところ、私が教育をやるとしたらこうするのよというところ、めっちゃ共感しました。これ私じゃないかって。（笑）

高橋　あそこは一晩で書けましたね、本当に書いていて楽しくて。本当に僕、男なのかな、って（笑）。抑圧された女性の怒りに完全に憑依していて、「そのとおり！」とか言いながら書いてましたね。

金　はしばしに甘えがあるのを、「それ甘いわよ」って言う。

高橋　小学生の女の子に向かって、ね。

金　「わぁ、かわいそう」とか、「辛かったね」と言いたくなるところを。

高橋　一つひとつ粉砕していく。（笑）

金　「何が辛いの、辛くないわよ。」って。そのへん痛快ですよね。劇団態変とすごく似ている感覚がある。『恋する原発』を読んだのは、『虎視眈眈《こしたんたん》』の脚本を書いてる最中だったんですけど、読み終わって、言いたいとこがめちゃ重なってるやんって思いました。この前取材に来られたときにもそんな感じがしたんですけど、こういう視点を、違うところで活躍されてる方が持ってはるところが、すごく私はうれしかったんです。

高橋　僕もびっくりしたっていうかね。全然違うものじゃないですか。僕は小説だし、金さんは身体表現で。金さんの場合だと、在日二世であることと、障碍があることがベースだけど、僕は在日ではないし、障碍があるわけじゃないし、全然関係がないはずなのに、やってることがすごく似てるというのがあって。僕らは他人じゃない、みたいな（笑）。

金　たましいの兄弟！（笑）

高橋　本当ですよ。それが何なんだろう、というのをずっと思っていたんですね。態変のことを前からお聞きしてはいたんですが、実際に観て、「これはもう見たことがある。どこかで」というような感じがいちばんしました。

隠されているものをさらけだす

高橋 ひとつは障碍者への視線という問題です。健常者から障碍者を見る場合に、同情の眼で見る、あるいは目を逸らす。要するにふつうの目で見られないというふうになっているなかで、青い芝の会が出てきて「Look at me（みなさん私の身体を見てください、そんなおずおずしないで）」と言った。そこで初めて暴力的に関係ができあがったわけです。健常者同士では、関係というものは、ある意味、「あって当たり前」なんですが、健常者と障碍者の間では、関係をつくること自体にそもそも障碍がある。それは「見てはいけないもの」という意識、そういうものを再生産していくことで成り立っていく世界ですよね。そこを壊さないかぎり表現ができない。

金 うんうん。

高橋 でもこれは健常者と障碍者の間よりも、健常者と健常者のほうが逆に気づかないんですよね。本当はこの世界は強者と弱者がいて悲惨なことになってるのに、でも表面上、「みんな同じように平等ですよ」とされてるから、こっちのほうが実はタチが悪い。

文学・小説の場合には、見えない障碍があるのを、言葉で見えるようにするというのが仕事です。だから、「人と人との間にまじわえない障碍ができちゃっているじゃないですか。それを見ろ」ということでは、たぶん態変も僕も同じなんじゃないかと。僕の場合は、興味がそこにあるということですね。

金 本当に知らないといけないものこそ隠されている。『恋する原発』でもヨシコさんが言うんですけど、直視せなあかんことに限って世の中っていうのは隠ぺいしているもんで、それを子どもらにも大人らにも教えないっていうへんがいちばん腹立つやんかって。

高橋　そうなんです。

金　思い出しましたよ、源一郎さん。ヨシコさんが「文字を教えるとバカになる」ってはっきり言ってますよね。文字をいちばん最初に教えちゃだめって。「上手に文章書きましょ」っていう優等生育てがいかに人間だめにしてるかっていうことを問題にしてはりますやん。たしか本も読んじゃだめだって。

高橋　そのとおりです。

金　（笑）そしたら、文学の役割ってなんですか。

高橋　そう。そのとおり。だから、文学の役割っていうのはですね。いままで教わってきたこと全部忘れさせること。

金　（爆笑）それいい。それいいです！

態変の稽古

金　この前、取材に来られて、態変の稽古見られて、研究所のレッスンも受けてくれはったんですよね。『文学界』誌に書いてはったことで、私たち大笑いしたんですよ、痛快すぎて。私が演出の席で「うーん、こうやな」と思いながらやってることがわーっと文字になって出ていて、「うん、これこれ」って。もう、涙ちょちょ切れながら喜んで読みました。その内容をぜひ『イマージュ』の読者にも。

高橋　まずね、僕たち健常者は障碍者をちゃんと見てないということです。「何を感じたらいいの？

何を感じるのが正しいの?」っていうふうになって、自分で見ることができないんです。例えば、今回の態変の舞台の『虎視眈眈』だと、出演者の下村さんが「雨に唄えば」で踊るシーンがあるんですが、これは、たぶん何の前提もなく連れていかれたら、みんな困る(笑)。「ちょっと勘弁してほしい、これは見ては失礼なんじゃないか」とか、「笑ったら、おれはひどい人間じゃないか」というふうに。でも「何でそう思うんだろう」と考えたら、つまりそれは外の目なんですね。観客なのに、第三者の視点が既に入ってる。でもそういうのをとっぱらってみると、すごくシンプルにおもしろいんです。ミュージカルというのは、通常以上に身体能力が高い人がそれを見せるものなのに、通常の身体能力がない人がマイナスの方向にやる。でも絶対値は一緒だなと(笑)。「おもしろいというのは、なんと不謹慎なことなのか」と。

金 (笑)不謹慎なことでしょうか。源一郎さん、研究所のレッスンを受けたじゃないですか。あれはどうでした?

高橋 想像してたものと違ったのは、身体が考えていたよりずっと重かった(笑)。つまり重力を感じたんです。「僕たちはどれだけ重力に逆らって動いてるんだろう」と。見えないでしょう、重力は。「態変の役者って、何が見えてるんだろう」と思ったら、動けないということは、逆に動いている部分があるということですよね。つまり困難な動きを見せることで、どこが動けなくされているのかというのを具体的に見せることができる。

金 研究所のレッスンを受けて、仰向けのまま横になるとき「重たい」って言うてはったでしょう。あの実感から重力と結びついたのか、前から考えてはったのか、どっちですか。

高橋　もともと、僕たちが生きているうえでの重力や抵抗ですね、まず風などの抵抗があるというのが僕の考えの基本にあるんです。ただ言葉を使っているんで、物理的なものとして感じることはなかった。態変の役者さんをまず目の前で見て、それから自分の肉体の重みを感じて、いやもう、爆笑してたんですよ、「重たっ！」って（笑）「いやー身体動かんわ。態変でこんなこと毎日やったらくたびれるよね」って。こんなに動かすなら寝ていたほうが楽だろうと。

金　でもね、そうも感じてないんですよ、障碍者の身体って。それと、ポリオの場合は重力で、重力と闘いながら日々ある、と思うんですが、ＣＰ（脳性マヒ）の場合は拮抗する緊張の力ってすごく強いんですよ。脳が指令することに反発する。反発の拮抗がすごく強いんで。

高橋　ああ、あれは別ものなんですね。

金　いやでも確かに源一郎さんのお話によって、ＣＰもそういえば重力がすごくある、特に下村の身体は重力と拮抗っていうのがきっぱり分かれているのがおもしろいなと発見しました。

高橋　本当にあれは「持ち上がらないぞ、傘が。持ち上がるだけで一大事業だよね」って。

障碍者と健常者のあいだ

高橋　僕の父親が小児麻痺で、右足の障碍がひどかった。その右足に毎朝淡々と包帯を巻いてたんです。器用な手つきで。僕は小さいころからずっと横でそれを眺めてました。

金　補装具がわりですね。

高橋　そうです。支える代わりに、ぎゅうっと下から包帯を巻いていく。それを生まれたときから見てるでしょう。だから僕は父親を「障碍者」とは感じてなかった、ほんと当たり前なんで。客観的に見て相当ひどかったと思うんですけど、あれは慣れるんだよね。なんかその父親のガクッガクッと歩く姿を見ないのは逆にさびしい。大学入ってからたまに家戻って、父親のガクッガクッていう姿を見たら、ああ結構ひどかったんだねえって思った。「ああ懐かしいわ」と。

金　そこのところねぇ。私の連れ合いは健常者なんですが、「障碍者と一緒になったら障碍者文化に片足突っ込んでるからね」とよく言うんですよ。息子は健常者で、日本人と韓国人のハーフということになるんですが、受精したときから私の体内で育ってるから、私のポリオの重度の身体っていうのが彼の身体の中のどこかにあるんですよ。これもやっぱり健常者と障碍者のハーフのようなもんやと。

高橋　そうですよね、（笑）ほんとに。

金　そういうハーフの感性っていうのが、高橋源一郎さんの中にもあって、だからこの態変の変な視点ていうのがわかるんやないかなって、ちょっと思ったんですよ。そういう、身近に障碍者がいるという人の感性とかものの考え方ってすごくおもしろいんじゃないかってよく思うんですよ。間《あいだ》性という言葉で私は考えるんですけど、その間間《あいだあいだ》の隙間を拾っていく感性って、これからものをつくっていくときに絶対有利やと思ってるんです。

高橋　そうだねえ。両方あるわけだからねえ。

金　そこが勝利するんちゃうやろかと考えてます。

ジーン・ケリーの身体

金　『虎視眈眈』では、「雨に唄えば」というハリウッド・ミュージカル全盛期の映画の歌を使って踊ります。態変では踊るのをいままで拒否してきたんですよ。「音楽にのるな」とか、「リズムにのって何かするな」とか、音楽をかけながら無理難題を言うんです。でも今回、音楽にのる身体が見えながら、その向こうにのらない身体が垣間見えるっていうことを含めて、これって「踊り」やん、「態変風の踊りをやっていいやん」というとこに至ったんです。で、初めて曲に合わせて三人がラインダンスみたいなことをするわけですよ。男がね。紳士が！「紳士に踊ってほしい」と私は思って、三人並んで踊ってほしい。これをこないだちょっとやってみたら、「ええやん！これこれ、これ、これが観たかった」って。

高橋　ラインダンスね。素晴らしいですよね。

金　ラインダンスいうたって、そっち向いて踊って、こっち向いて踊る。（笑）

高橋　ラインにならない。（笑）

金　そっち向こうとしているのにこっち向く、というだけで、ものすごく「ああ見えた」という気になるところ。観客がどんな反応を引き起こすか楽しみなんです。

高橋　うん。

金　「雨に唄えば」は、いまものすごく私にとって気になる歌なんですよね。映像見てみたら、これが「ええやん！」って感じで。ジーン・ケリーのあの身体、当時のミュージカルの身体性っていうのは、いまの踊りとはなんか違うような感覚があるんです。「ジーン・ケリーは健常者なのに障碍者の身体に近い！　これなんでやろう」って。ものすごく筋肉質な体で踊る。それは、一般の人らには計算されて全部つながってスムーズに動いてるように見えるんだろうけど、私の眼からみると、なんかものすごい拮抗する力が見えるんですよ。筋肉自体が「何かに反発してやるぞ」っていうハングリー精神そのものみたいで。「体が浮き浮きと在る」ということはこういうことなんちゃうかと。

高橋　ああ、なるほどね。

金　ジーン・ケリーは白人ですけど、黒人の踊りもすごいですよね、黒人の「コットンクラブ」というのがフランスにあって、それに対抗したいがためにハリウッドのブロードウェイをつくったと聞いたことあるんです。「コットンクラブ」を見ると、黒人の身体能力というのは自然に近いものがあるでしょう？　それを使って白人が喜ぶダンスをすると、白人以上に拮抗する身体ですごいのができてもうた、というのがあるんちゃうんかな。

高橋　そのへん、結構矛盾してますよね。

金　だからやっぱりね、「社会のなかで自分が生きとったらあかんのか！」っていうハングリーがないと、この身体はできへんのちゃうか。白人でも、ハリウッドスターになるくらいの人はハングリーだったんだろう。いまでもそうなんだろうけど、当時は特にハングリーさが格別すごかったんちゃうやろかという想定がしたくなる。（笑）もしかしたら、昔のこの時代のほうがより障碍者に近い身体を持っている？って。そこで反発やって対抗やってやるという自然なアメリカ魂。切磋琢磨してアメリカの資本主義がヨーロッパよりも上やと誇示していく。それを背負って、生き方として、ダンサーたちは踊ってるんじゃないかなと。

高橋　『オールザットジャズ』見ました？

金　ああ、見ました。ボブ・フォッシーの自伝的な映画。

高橋　素晴らしいですよね。あれも障碍者っぽいですよね。ふつうハリウッドのミュージカルだとジャンジャン跳ねるのに、彼のダンスは跳ばないでしょう？　映画の中のダンスは、ぶあーっと姿勢が低くなっちゃうんですよね。彼はすごく酒飲んで、薬やって、体痛めて、もう半病人みたいになって。そのときつくっている映画のミュージカルはすごくセクシュアル。ほんと、ゆっくり体を絡めて、ずーっと沈んでいく。これダンスちゃうやん？って。そういうのを見せているでしょう？

金　そうそう。態変でも身体と身体の重なりをすごくつくります。でも態変では、「セックスじゃなくても体の触れあいってあるんだよ」ってことで、生々しくならんように訓練するんですよ。役者に「下手に人間と思うな。相手をモノと思え」って（笑）。

高橋　モノだったら感情抜きに乗っかれる。

金　障碍者って、介護を受けるとき相手に委ねる、相手に任しきるということをやってますでしょ？　健常者の社会では、セックス以外他者の身体を受け入れるなんてことしない。だけど障碍者にはあるんですよね。他者が必要っていう感覚、他者の身体に敏感な身体で、これを「開かれた身体表現」に転化しうるっていう感じを私はもってるんですけどね。

高橋　なるほど。子どもとか赤ん坊の身体とか、まさにそうだね。

弱者は宇宙を察知する

金　『虎視眈眈』では虎界《とらかい》と人界《ひとかい》があって、虎界は自然、人界は文明という設定なんですが、やっぱり虎界は障碍者世界なんですよ。障碍者世界というのが実はすごく自然に近い存在として私にはあって。自然に近いんだけど、自然の猛威ではいちばん早くに死ぬかもわからない。昔、「自然淘汰」という言葉がすごく嫌いやったんですよね。自然がいちばん障碍者を差別してるやないかって。

高橋　弱い者から順番にやっつけていくからですね。

金　私は山なんか登れないし、自分で海にも行けないし、自分がいちばん触れたいものだというのに自然は障碍者を拒否している。「自然がいちばん差別者や」と言ってたわけなんですが、いま考えると、障碍者というのがある意味いちばん自然に近くて、自然の中では生き残れないかもしれないけれども、そうとも一概には言えない。何が生き残る能力になるかというのは、やっぱりまだまだわからんぞと思ってるんですよね。

障碍者の自然へのセンサーというのがいちばん高くて、危機とか、そういうものを察知する。そしたらやっぱりものすごく素直になるんですよ。自然に対して従順にならざるをえない。で、受け入れると自然は何でも教えてくれるということがわかる。これを障碍者はごく自然に身体に持ってるんちゃうかなという着想があって。障碍の部分ってすごく自然に近いんじゃないか。そこの部分をセンサーにすれば、世の中のこととか、全世界の宇宙的なことまで察知できるんちゃうか、っていうのが、態変の表現のはじまりやったんですよ。

高橋　なるほどね。

金　だからどうしても文明批判になっちゃう。でも文明批判なんかやったら障碍者生きられへんし。電話なかったら介護呼ばれへんし。（笑）そういうことも考えるんですが、やっぱり文明批判になってしまう。

高橋　いや、まったくそのとおりだと思うんですよ。少し大きい話になってしまうんですけどね、3・11以降、こう、いろんな問題が噴き出してくるということ。それは急に始まったんじゃなくて、この一〇〇年ぐらいの問題が一斉に噴き出してきたと思うんです。

金　そうですね。

高橋　それは、一言で言うと僕たちが身体性を失いつつあるということじゃないか。文明化というのは、すごい長いスパンで人間が持っている自然の部分を失っていく過程です。例えば四季の感覚をなくす。体温調節ができない子がでてきているし、いま大学生を教えているけれども、触られるのがすごくいやと言う子がいます。全体に五感がすごく鈍くなってしまって、自分の身体があるのかさえわからなくなってる。でもみんな気がつかない。全員そうだから。

気づくのは実は弱い人なんですよね。態変の役者さんを見てると身体がどんな風にもがいているのか、人間の身体っていうのはこうなんだとわかる。ある意味不思議で、健常であればあるほど鈍感、障碍があればあるほど敏感になって感じとる。障碍者の身体感覚の中にセンサーがあるというのは、僕はまったくそうだと思うんです。

金　うん。

高橋　僕は『恋する原発』ではアダルトビデオの業界を扱ったんですが、なんでかというと、同じ理由なんです。これは健常者という強者の中にいる弱者の世界なんですよ。本にも書きましたけど、震災がおこってボランティアに行く、お金を出す。ところがアダルトビデオの業界の人が、「アダルトビデオで義捐金をつくりました」と言うといやがられる（笑）。「なんで?」と聞くと、「あんたたちがやっていることはちょっと人前には出せないでしょ」と。「じゃあ僕らがやっていることは恥ずかしいことなの?」、「いや、そうは言ってないけど、でもちょっとおおっぴらには出てこないで」って。これ変な話でしょ。賤業、賤しい仕事だと思われてしまう。どんな仕事も平等だっていうのはウソだった。たとえば売春などと同じように、「人としてどうよ?」と言われる。「じゃあ、俺たちがやっていることは人間としてだめなの?」っていうような存在ですよね。そういう人間の存在は、この社会のありように対して敏感なセンサーになる。

つまりこの社会にも重力があるんですよね。僕ら普段生きていると「いや、何の問題もない」。でもこのアダルトビデオの関係者が何かしようとすると、重力が発生するんです。「お前はみっともないからここにいるな」とか、「お前はボランティアなんかやるな」と。弱いがゆえに、というか、ある役割を引き受けているがゆえに、この社会に実はいろんな矛盾があるということが、この人たちを通して見える。これを書くのが僕たちの仕事だと思うんです。言葉っていうのは結局そういうもんだと思うんです。「重力があるよ」ということを知らせるために言葉をそこに放り込む。

二者択一ではない道

金　『虎視眈眈』には、「虎譲歩人」というのが出てくるんですよ。人間に譲歩する虎です。

高橋　譲歩、譲歩人。虎譲歩人《とらじょうほじん》ね。

金　虎が、原発の事故で一回文明を壊すんです。そこで壊れるんですが、もう一回再生を試みる。それが疑似体験というか、人間の文明を模倣する形でもう一度小さい文明から始めようとするんです。

高橋　あー、それが虎譲歩人。それで、そこが終わりじゃないわけですよね。

金　それに津波が来る。私は原発のほうを先に持ってきて、原発で文明そのものをボカ〜ンと破壊やっちゃう。そのとき虎譲歩人っていうのがでてきて、もう一度「疑似文明」をやり出すんですけども、それをほんとに壊すのが津波。自然の猛威っていうのが偉いと思うんです、私は。

高橋　エライ！

金　それが何言うても偉い。

高橋　エライ、エライ！

金　虎にも二種類あって二匹出てくる。オスが始めに出てきて、次がメスの虎なんです。観客にはわからないと思うんですけどね。見てても。

高橋　どっちも男だし……ってね。

金　（笑）両方とも男が演《や》ります。ほんで、メスのほうがやっぱり一生懸命知らせてあげる側なんです。人間界に入ってしまう虎譲歩人というのはオスで。

高橋　あぁ、だめだこりゃ。

金　オスのほうがあこがれて一生懸命人間のまねをする。まるで人間になったようなつもりでやっているっていうことで、それに気づかそうっていうことでメスが潜入してくるんです。人間の過ちを、まずは知らせる。

高橋　何を知らせるんですか。

金　そういうスピード？　そういう駆られ方？　そういう仕事のやり方？「それそのものが違うんだよ」と。もっと「自然」と生きないといけないっていうところを知らせる。だけどやっぱり最終的には虎のオスに対して、まあ夫婦関係でもそうですけど、「なんであんたわからへんの！」みたいな。（笑）

高橋　こりゃ離婚するな。（笑）離婚するんですか。

金　しません。ただものすごい反撃をしてわからそうとやるんですが、そのときに原発が。

高橋　ああー。

金　その怒り極まったところで原発が爆発するんです。だから虎の自然の本能の中で知らせようとやっていることが、人災を起こすことにつながっていくわけなんですが、次、その虎界の世界で譲歩人がまた疑似文明みたいなんを作り出す。

ただね、そこのところ、二極分解になってしまう二つの世界というところから、どうにかして第三の視点っていうものを私はつくりたいんです。第三も第四もあるんじゃないか。過ちは他者の目から見ないと絶対わからないから「侵入者」を設定してるんですが、そこからさらに第三の道（必ずしもプラスの方向じゃないんですが）はないかと。例えば、怒るということで結束する、そのなかから、道としてはっきりとは見えないんですが、「自分たちはどうしていくんか」って問うていく。プラスとマイノスとか陰と陽とかね、そういうものだけでなく、中庸、瞬間の中庸（中庸なんて瞬間なんで）、その中庸っていうものをつかみたいっていう感覚が私にはすごくあって、だからこういうことをやっているような気がするんです。

高橋　僕が『恋する原発』を書いたときの大きい軸としては、言ってみればアダルトビデオの人たちが虎ですよね。

金　うんうん、そうなんです。

高橋　つまり敏感な身体性をもって、でも迫害されている。で、人々からは「あいつ何だ」って言われて、「もういいよ」っていじけてる。「わあ大異変が起こってる、何とかしなきゃいけない」そのときにね、これを客観的に見ている「宇宙人」というのがいるんですよ（笑）、AVスタッフの中に。これ、金さんの「侵入者」ですね。宇宙人が言ってることは全部正しいんですよね。彼らは超越的視点から見てるから。「それは、あなたたちがやっている文明の必然的な結果ですよ」と。宇宙人はね、こういう世界がいやだったら、「じゃ私が一からやり直してあげましょうか」っていうんだよね。

金　うん、言いますよね。「元に戻して最初からやりなおしてあげようか」って。

高橋　ええ、彼には何でもできるから。でも、従わないんだよね。「それをやると人間がつけあがるのでいいです」と。（笑）いいです、これでいい、この最悪の状況でなんとか生きていきますっていう話にしたんです。考え方としては、宇宙人が言うのは文明の再生ですよね。エコロジカルな、もっと自然と共生する文明をつくるってのは正しいんだろうけど、でも正しいこともできんなあと。

金　そうですよね。

高橋　これ、僕も結論ははっきりしていないんですけど、要するに全部私たちが悪いんですと。ところが、じゃあ一から作りますと言われると、そうも言えないんだよねと。そこが矛盾にも満ちているし、こりゃだめだから捨てるとざっくり言うこともできないし、愛と憎しみが両方残っているからなんですね。宇宙人に対して、「あんたが言ってることは正しいんだけど、ごめん、でも俺間違っていることをやるかもしれない」と。つまり人間っていう種族は限界を持っているとしたら、それはもちろん厳しく責めなければいけないけれども、同時に、そういうものだと認めざるをえないのかもしれない。そういう条件で生きていくっていうことなのかもしれない。

金　うん。

高橋　『風の谷のナウシカ』（漫画版）がまさにそうなんですよね。アニメの『風の谷のナウシカ』は途中で終わってるんですが、漫画版は全七冊もあって全然違う話になってます。結末で、実はすべてが、過去の人類による世界を作り直していくっていう、放射能に汚染された世界を壊して新たに全部きれいな世界を再生するっていうプロジェクトだったということが明かされる。終末を予測した「正しい」祖先たちのグループが、すべてを見越してつくったプロジェクトなんだと。登場する王蟲《オーム》も、いま生きてるあなたも、全部私たちのプログラムに組み込まれた存在なんだよって。で、ナウシカはそれに怒る。いや、それは生命に対する侮辱だって。人間はそんな清浄な世界では生きられない。放射能でまみれたこの身体で生きていきますってことで、清浄化装置を壊しちゃうんです。

ナウシカが神殿にたどり着いたとき、そういう「正しい」グループというか祖先たちが現れて、そのプロジェクトを邪魔しないでくれって言うんだけど、ナウシカは、私はたぶん間違っているんだと思うけど、でもあなたたちを許せないって言うんですよ。

金　おもしろいですよね。是か非かじゃないかもしれないっていう話ですよね。

高橋　つまり、いまみんなが自分が正しいって言ってるわけじゃないですか。ところが宮崎（駿《はやお》、監督）さんのメッセージはね、「正しくないかもしれないということを認める」ことと、同時に「正しくなくてもやる」っていうこの二つを言ってる。これがほんとに芸術家らしいですよね。

金　うん、そうそうそう。私がポリオに罹ったのは三歳のときですが、死にそうになって生きて戻ってきたときに、障碍ってものを自分の中に喜んで引き寄せたっていう感覚があってね。

高橋　自分が選びとったっていう感覚がある……。

金　うん、どこか自然界の全体のバランスの中でその一人の「点」っていうことが選ばれてるような気がしてね。その存在があることによって、それを含めていちばんバランスとれる方向というのが必然的に出てくるんじゃないかって。だから、ものすごくどろどろしたものをむんずとつかまえて表面に出して、「そら見ろ」ということをやらなあかん存在と思ってるんです。

いま放射能に汚染されたなかで、例えばチェルノブイリでは変形やった奇形児いっぱい出てきてますでしょ。内臓障碍はすごいもの抱えますやん。それはもう目にみえてわかりますよね。これは、この人間がつくりだした文明っていうものが崩壊やって、ちゃんとしっぺ返し食らうということなわけで、このとき、人間はもう要らんって言われるのか、再生できるのか、そこ問われますよね。このことを私はおもしろいと感じてて。

高橋　そう、そうなんです。これは実は「おもしろい」んですよね。

メジャーをめざす

高橋　僕はいまのありかた、いまの社会のシステムは間違ってると思うけど、ただそれを正しいシステムに取り換えるっていうことじゃ、たぶんないと思うんですよね。じゃ、それをどうするかというと、まずみんなで、僕たちが何を起こしたか、いま何を持っているか、何が起こっているかを見ることにしたらどうかと。

いや、だからいってみれば、態変の役者が「雨に唄えば」を踊るとかね（笑）。『恋する原発』をみんなに強制的に読ませるとか（笑）。この前、金さんもおっしゃってたけど、態変の役者がテレビのＣＭに出るとかっていうことなんですよ。これで確かに世の中すぐには変わらないかもしれないけども、もし出たら大変なことが起こる。（笑）

金　見せるなーって。

高橋　そう、「見せるなー!」と。そんなもん見せるなー。そういう言い方って「猥褻だ」って言うのと一緒ですよ。ね、アダルトビデオの無修正ビデオがいきなり映るのとまったく同じことで。それは、真面目に生きて同じ労働してる人たちにいびつなものを見せると、いままでの生き方を反省してしまうから（笑）。これでいいのかってね。目覚めさせると困るんで、そういうのはみんな禁止されてるわけです。これは僕、思うんですけどね、持続的、永続的、ゲリラ的にそういうものを見せていくっていう、それでみんなが困る、ものすごくたくさんの人が困る状況をつくるっていうのがいいんじゃないかと思うんです。
金　文学も劇団態変の身体表現もそこは同じだと。
高橋　そういうことですね。そして、態変の亡くなった役者さんがおっしゃったように、やっぱりメジャーをめざす。これなんて言ったらいいんだろうな。たくさんの人に観てもらうということなんですが、それは表現を薄めるっていうことではなくて。
金　そうなんですよねー。
高橋　単一化したこの世界の中に、まさにこの世界の中にこういうものもありますと。別の世界の話だったら、「ああ、そういう世界もあるんですね」となるけれども、「いや、この世界の話です」っていうふうに、すぐ隣の席に行って言うんですよ。僕はね、すごく長いスパンで考えるしかないんですけど、少しずつ前に行く。毒を盛りながら行く。
金　うんうん。劇団態変の身体表現が芸術やっていうところへんで、ほんとうの芸術やったらそこを抉らないとだめじゃないですか。本質を問題にできたほうが、人間が一瞬にしてガラッと変わることだってありうるやんって。芸術にかけられている可能性としてはそこなんちゃうって私は思ってるんです。
高橋　でも、そうすると態変は障碍者からも嫌われるという……。
金　嫌われてますよ。
高橋　やっぱり！（爆笑）
金　もう、はっきり言って旗揚げから。（笑）
高橋　いつまでも尖って危険でいるっていうのはなかなかむずかしくて、どっちに転んでも、つまり尖ってることに満足してしまう不安もあるし、尖るのいやだっていう人たちの側に落っこちてしまう不安もあるっていう、そのすごい狭いところで。

金　それをえぐっていくような文学を?

高橋　迂遠かもしれないけど、それを僕もやりつづけていきたいなと思います。

（二〇一二年十二月）

魂と身体を語れば

鷲田清一×金満里
Kiyckazu Washida, Manri Kim

魂のありよう

金　私のこだわる点は、身体の見た目、見た目の身体の外側というものと、表現するときには魂だと思っているのですが、中身としての魂のありようが絶対に関わってくると思っていまして、だから「中身代われば形も変わる」って思ってるんです。中身が形を選んでるんじゃないか？　だから形には必然があって、その形の必然から魂を表現する。中身をいかに引き出してくるかが身体表現じゃないかと思っていまして、私のやってる身体表現は内と外の格闘っていうか、そういう現場です。

舞踏家の大野一雄先生は、「魂の舞踏」って言いはるんですよ。魂が立ち現れてくる身体に自分自身、模索するまでデタラメの限りを尽くさないと、そこまで身体の中から魂というのは容易に出せないという、舞踏というか大野一雄先生の考え方があるんです。だから、その野放図さがきっちり見えて、これがこう理解できるとか置き換えできるものではないところが、ものすごく大事だと思ってるんです。

『色は臭へどⅣ』をご覧になって、鷲田さんの解釈はどのように見られたのかお話しできたらと思います。

鷲田　『色は臭へどⅣ』とオーバーラップしたのが、大野さんのお母さんの話で、海の底の鰈《かれい》、あのイメージが、垂直の動きというよりも、むしろ這うような小さな起伏の連続でしょう。ふとあのとき、大野さんのお母さんのこと思ってたんですけどね。僕にとって『色は臭へどⅣ』を見せていただいただけで判断できないけど、あのとき受けた印象いうか、体の感覚として、「あーっ」と思ったのは、体とが魂というか心というものとけっしてピタっと一枚に合わさることって滅多にない。いつでも、その間にもどかしいほどのズレがあって、心が体をもどかしく引きずっていたり、逆に心のほうが体のあるときの自動的な動きに引っ張ってもらって、かろうじて立ち起こったりっていうような、そんな思いをずうっと持って見ていたんですね。もちろん、色々せりふが入ったり、風刺的なすごいコミカルなとこや、そういう劇的な要素も、もちろんおもしろかったんですけど、僕にとっては劇的な要素以上に、引きずったり追い越されたりとか、そんな感覚がずうっと見てる間持続して、ちょっとこっちの体にも残りました。心なしかうつる。

金　うつるんですよ。態変の舞台を見ると。

鷲田　ねえ！　うつるでしょ。やっぱりそう？　僕だけじゃない。

金　家に帰って鏡見てやっぱり思わず、やってみて、そういうふうにならないって確認するって、よく聞くんです。同化したいけども一緒になれないところ。「できるんじゃないか」と錯覚させるところがすごくあると思う。それくらい身体障碍者の身体が違うものとしてじゃなく、非常に普遍的に、際限なく無限大に近い身体として、観客のほうに迫ってくるものやないかと思うんですよ。

心は見える

鷲田　この一月に天満（大阪市北区）の小学校で授業をやったんです。新聞社から「心って何？」てテーマを与えられたのでね。小学生といきなり議論するのは絶対にもたないと思って、最初に「心がある」と思う人？」って、手上げてもらったんですよ。全部で六〇人くらいでしたか。一人除いて全部が「ある！」とためらいなしに手上げて。「あれっ？」て思って、「ほんなら心見たことある人？」って言ったら、一人もいないんですよ。それで、みんな「心」って大事やと思てるけど見たことがない。なんで大事やとか「ある」っていえるんや？　というところから、「見えない」のをチャラにして、逆に「心は見える」と考えたらどうやろう、ということで授業を始めたんです。

川崎徹っていうコピーライターに、人間を矢印とか点で表してる漫画シリーズみたいなんがあるんです。例えば、出てくるのは、大人のお兄さんと弟で、クネクネクネクネクネしてる締まりのない弟なんですね。主人公の子どもとはうまいことといく。クネクネクネクネした絵が矢印で描いてあるんです。そこへお兄さんが来て「コラー、何やっとるんだあ」言う。そして太い矢印がブワーっと立つ。すると弟さんがヒューって矢印に縮こまる。

そういう感じで、人の姿を具体的に描かないでイメージというか感触だけで描いてる作品があって。それを見せて、「自分にとって一番気になる人、お母さんだとか、だれかを想い浮かべ、その人の絵を顔とか体と違って、線と点だけで描いてごらん」って。マジック太いのを渡してあげたら、お母さんがうるさいし、いやでいやでしゃあない子は、「エイヤー」と迫ってくるお母さん描くしね。存在感ない妹のことやったらホントに頼りない線で描いたりする。「これやっぱり、見えてるやんか」て言って。だから見えるっていうのは体の形やなしに、金さんは形って言わはったけど、形はけっしてその人の体型やどんな眉毛という意味じゃなく、ぐっと迫ってくる形ってあると思うんですよ。

例えば、お母さんの顔描いてもらうとみんな同じような顔になりますね。顔っていうのは顔面の造作やなしに、川崎徹さんが点や矢印でぐわっーと描いたのがその人の顔じゃないかと言って、そんなん描かすと、一人ひとり違う絵を描くんです。だから、見えるものっていうのは形とか体型とかじゃない。顔つきや振る舞いでもなく、その人が自分に押してくる圧力でもいいし、あるいはドロドロになるのでもいいし、トロトロになってもいいし、そういうふうに考えると、心って絶対見えるんやと言いたくなるんですよね。

魂と体のペース

金　表現を考えるときに、障碍者の場合のその身体と魂ってことは、非常に健常者よりもそのことに直結してるんやないか、身体表現はそこまで障碍者の身体にすごい可能性があると思ってましてね。それは実は健常者の身体にも言えるんです。

鷲田　友人の精神科医がおもしろいことを言ってくれた。要するに、「私と心と体の関係ってどうなってるの」って訊ねたときに、僕ら、「心と体とは別っこのもので体の中に心があって」とふつう考えますよねえ。その精神科医は、「心は体のことや」と、そこを私が出入りするんやという言い方されて、そういう考え方もあるのかと思って。

金　そうですねえ。

鷲田　心と言ってもいいんですけども、そこに私があるとき入ったり出たりするようなイメージで考えたらいいんじゃないか。そう考えるとね、眠っているときっていうのは、ちょっと自分がその周辺に出てるっていうか、ただ心と体が一つになって、そこにでーんっとあることだと考えてもいい。いまだにそれが直感的にすごく納得するんやけども。

金　そうなんですよ！　だから、自分の身体のペースというんですけどね。障碍者のペース。独特の一人ずつの動き方に癖があるんですよね。そのときの空気の震わし方も含めて、私は体の「ペース」って言うんです。そのペース自体がものすごく大事で、そこにあるものを心や魂に直結したものとして受け止めたら……。

鷲田　ペース自体が。

金　形から派生するものなんですよね。その形をとる動かし方が健常的なふつうの鞣《なめ》された動きやなく、すごくギクシャクしてたり、私の場合はポリオだからヌチョーとしてるんですよね。そういうときの「ペース」は、ギューと中に集約されながら、ものすごい収縮と拡散が同時に起こるような、分解されていくような、すっごい緊張感がいいんですよ。

鷲田　それが、何かあることをするっていう、その行為に吸い込まれないんですね。

金　そうなんです。目的に直結しないので、そこの目的に解消されないというか……。

鷲田　「何してるの」って言ってしまったら、終わりなんですよね。

金　そのときの単にそこであるものを、そこで驚いたり感嘆したり、すごいものを受け取ることが、自分の身体でもまわりの障碍者でも、ダイナミックに動き出すときのおもしろさってあるんです。ダイナミックに日常的なことをやることが障碍者はあるのに、健常者的な動きをやらないといけないと、動きを鞣《なら》して平均的な動きにするように、非常に動きを狭められてるわけですよ。突出した変な動きを押さえつけ、やらないようにやらないようにと日常の生活で、私ら障碍者は縛ってると思うんです。それが一度外れて出だしたら、身体がものすごく生き生きしてる。すると、その人の心も生き生きと見えてくる。

鷲田　じゃあ、障碍ある方だけでなく、だれにでも言えるわけですよね。

金　そうなんですよ。

鷲田　子どもを電車の中で観察しててておもしろいのは、お母さんと手をつないでても、混んでる電車の中でもじっとすることができないで、ぐっるぐるぐっるぐる、お母さんや棒のまわりをただただ無意味に回ったりやりだすでしょ。あれなんですよね。じっとしてられへん感覚っていうのは。

金　だからそのときの心のありようを体の行動のなかに……。

鷲田　そのときぐるぐる回ってるのもその子の魂なんですよ。だから、動きがドローンとしてるのに耐えられへんのやと思いますねえ。必死で時間が早く動くようにやってる。

金　そうですねえ。そういう、魂の響きみたいなことに近くなるのは、日常的にも非常に大事やと思うんでね。

障碍という機能

鷲田　大学院に、社会人入学したリハビリの理学療法士の先生が、哲学の理論だけやなしに、自分がそれまで十年以上やってきたリハビリの身体の記述をきちんと取り入れて、メルロ＝ポンティを論じ出さはった。その人の論文にこんな記述がありました。脳溢血で半身不随で片一方が動かないので、自分の頭の中で、自分の体はどうなって、手がどこにあるかいうこと、全部イメージの中に入れてるけども、そのときに感覚があるほうの体と、ないほう体とでは重さのかかり方も違うし、一方が無感覚になることで、他方がものすごい混乱状態になって、寝転ぶだけでも、ものすごくしんどい、むずかしい作業になって……。

メルロ＝ポンティは、身体図式って言うんですけども、それは単純にいまの体にすみつくだけじゃなしに、そのすみついたときにいつでも、体のどの部分にも翻訳してね、肘で絵描いたり、足先でも描ける。練習して、どこでも別の形で実行できるっていうんですよ。で、体を手に入れるというのはそういうことなんだと。だから、虫でも六本足で歩いてたのが、人間が一本足押さえたり抜いたりしてしまうと、その瞬間に歩行システムを変えて、五本でまた同じように歩くっていう。体って不思議やと書いてるんです。でも、その姿勢っていう問題になると、字を書くとか、お箸を持つとかの行為じゃなしに、そんなもの全部支えるもんでしょ。それは転換も何もできなくてね、体のどっかが無感覚になると、どれだけ身体が不安定になるということを、そのリハビリ論文を読んで思いました。

金　私たちの考えではちょっと違うんですよ。下半身不随で急に体半分が動かなくなった人を研究所やワークショップで教えたことあるんです。その人の半分が、確かに感覚が途端に分裂するわけなんです。片一方がなくなるだけではなく、引き裂かれるというか。だから自分のその片一方をないものにするのか、それともなくなっていく感覚そのものの身体として取り戻していくのかだと思うんですよ。だから、肩替りを片一方でバランスとりながらやることではなくて、そこへのあり方というか、感覚がなくなった側の感覚のほうが大事で、全部をもう一度、再構成は一緒だけれど、とらえ方を変えていく。片一方をもう片一方の補いじゃなくて、障碍の部分そのものが本当につかんで動きたいという、障碍のある方の機能のほうが大事だと。障碍があるということは、ふつうは機能がないっていうことなんですが、障碍という機能だと思うんです。

私が誘導していくワークショップで、その人がずうっと従ってやっていたら、うつむき姿勢になれたんです。ワークショップに二日か三日通って最後に聞いたときに、脳溢血かなにかで下半身不随になってから、うつむき姿勢がとても恐ろしくてできなかったのが、いつの間にかやっていたって言われたんですよね。それは、機能訓練的にできたからでなくて、障碍の部分で重力を感じたり、ものすごく微細なところを健常な身体は切り落として感じないようにしてるわけですよね。だけど障碍の部分のものすごく微細でナイーブな感覚それ自体を取り入れていかないと、動いてるところの感覚だけでは動いてくれないんです。だから、そういう感覚は皮膚感覚なんですよ。

鷲田　なるほどね。つまり、リハビリ的に発想する身体はどこまでもできるできないの論理が働いているんですね。

金　だから、できないということ自体の意味というか、その中に含まれているものに、注視とか凝視するというような感覚でやらないといけないんですかね。

鷲田　なるほど、そうするとその問題は老いの問題にもそのままつながるんですね。老いは、独力でできることが一つずつなくなってくる。それをさっきのような、「できる、できない」という論理でいったら、老いの問題っていうのは全部、「若さを保つ」とか、「いつまでもこれができる」というふうに発想されることになる。それができなかったら全部マイナスなのかってことになる。でも僕はもっと老いた体の記述っていうのが、もっともっとあっていいと思うんです。できない体は、できる人にはわからないわけで、人間は、若いときには見ないですましていた自分の身体に、老いのなかで直面してくるわけで、「ああ昔できたのに、これもあれもできんようなった」っていうその体の事実は、身体論でもあんまり出てこないんですよね。

金　去年の六月にドイツのシュツットガルトで世界演劇祭に呼ばれて公演やったんです。そのときの作品で、ドイツ人のすごくシビアだし物事を深くとらえ掘り下げる、表現としてもいいところをとらえたすごい劇評がいくつも出たんです。だけどやっぱり立って歩けて動けるダンスとして、身体表現として見える役者の名前しか出てこないんです。

『色は臭へどⅣ』見はったと思うんですが、私はあの作品の中で、森永ヒ素ミルク退治をやった、寝たきりの木村年男の身体の中にあるものが、劇団態変の中では、いちばんの表現の糧と思ってるんです。でも、健常者の観客の評価として、寝たきりの身体のほうになかなか目がいかないんですよね。立ってる役者が評価しやすいってとこに流れていってしまう。昔、旗揚げした当初、寝たきりの役者が「自分たちは損や」と、立った者ばかりが目立つと冗談半分めかして言う奴もいたんやけども、やっぱりその価値観って絶対強いわけでしょ。黄金分割ですよね。ものを見てて、どこの位置にものがあるのがいちばん人間の視線としてとらえやすく、そっちに目がいくっていう、そういう人間の本能的な「ものをとらえる」ときの視点のあり方がある。本当に寝たきりの動きが、全然何もやっていないのではなくて、立ってる者と比べてそれ以上のことをやっているって人間が意識するまでに、身体表現をどういうプロセスとしてやっていけばいいのか、と自分がやってても思うんです。基本的には地面に接触した人間の身体が形だけやなく、そこでの気持ち、心っていうか、観てる側の心が実は表れてる、表される、そういうものってあると思うんですよ。

鷲田　立つってことは、人間は生き物として、ある意味で無理をしてるわけですから、そのことで、全部の筋肉が立つことに向かって動員されてるんですね。朝目覚めてもなかなか起きられないのは、立つことから免除されることで、ふだんは動員されない体の運動と感覚がちらちらって目覚めるっていうかね、許されるってところに、僕は寝っ転ぶってことの喜びみたいなのがあると。

金　だけど、立ってしまうと鈍くなるんです。足の裏だけで地面にひっついている状態。総動員で立つことに向けられてしまうんで、筋肉の持ち方ていうことだけで、皮膚感覚がなくなってしまう。単独で自分が一人だけで立っている感覚しかないですよね。寝たきりの場合は、地面につく面がすごく広いわけなんです。そうすると、皮膚感覚の持って行き方というものが、その人の身体の姿勢になってくる。単に体を動かそうっていうことじゃ絶対だめなんですよね。そこの気持ちとして、ほんとにそういうふうに思わないと、体は動いてくれない。

鷲田　立ってるときは思わないけども、寝てると頬っぺたも重いとリアルに感じますものねえ。あるいは手の重さとかね、こうやって横になってるとき手を上げたら手がいかに重いものかってねえ。

金　そういうことに対して、身体というものが身体として、動かすものとか、道具として役に立つとかやなくて、非常に大事な身体は自分のありどころなんじゃないかって思うんですよね。

情報を選び取る身体

金　鷲田さんのメルロ＝ポンティも読ませていただいて。

鷲田　読みにくかったでしょう。

金　いえいえ。メルロ＝ポンティはすごく共感するところが多くて、面白いですね。

鷲田　クネクネした議論やから、一回読んだだけではわからんとこもあるけど。

金　私も文章や思考がクネクネしてまして、非常によくわかるって感じで思ってるんです。

鷲田　いろんな「ビビン！」ってくる文章が何回もあって。哲学の本ってなかなか全部わからへんのですよ。正直言うてむずかしい。けど、メルロ＝ポンティを何回も繰り返し読めるのは、すごいビビン！ってくる一句が入ってるんです。それでわからんでも食らいつきたくなる。

金　その哲学的思考でね、メルロ＝ポンティの求めてるところは何か。「ヒントになりそうなこと、ないか」って思いながら読んだんです。メルロ＝ポンティの論っていうのは、だいたい大まかに言ってどんなことなんですか。読者にとって非常にわかりやすく。

鷲田　うーん。難しい問い投げかけられた。キーワードはたぶん運動やと思っていキます。「見る」にしても、体全体の運動の中で人は何かを見てるのやと。ふつうはみんな眼の機能など感覚器官の問題とか、動きぬきで、刺激がどうのこうのって考えるでしょ。そういう見方とらないで、聞こえる音でも受け身にみたいに思えるけども、実は選びにいってるわけなんです。例えば電車の中で、あんな大きい騒音の中ででも、隣の人とひそひそ話しできるのは、それはやっぱり取りに行ってる。だからメルロ＝ポンティはいつも、一番受動的に見える感覚ですら、運動としての体の中で起ってるという考え方するわけです。

要するにメルロ＝ポンティは、走りながら、歩きながらでも、人間の体が運動の中で定点をつかむっていうか、そういう運動の中で何かをとらえる形でやっているので、けっして網膜に何が映った、鼓膜どれくらい動いたとか、そういう話でないところが、僕はメルロ＝ポンティの身体論とか、知覚とか感覚論のいちばん大事なところと思ってるんですよ。人間はものを見たりするとき、キョロキョロしたりするし、姿勢もモゾモゾする。モゾモゾするってことから、何かをピユーってつかみにいくことまで含めて、知覚や感覚はたえず動きの中で起こっているということでしょう。

金　そのことを通じて、その運動を内面として、内面的に動かない運動と言うんですかね。

臨床哲学って?

金　臨床哲学っていうのはいったいどういう分野なんでしょう。

鷲田　哲学は大学の中でもいちばんアカデミックな学問のように思われるんですけども、僕に言わせると、いちばん素人っぽいもんでもあるんです。哲学って対象を限定しないでしょ。政治学やったら政治、物理学だとものの運動とか物質の組成。みんな対象領域が決まってる。でも哲学だけは対象に限りがない。宇宙についても哲学あるし、体についても、アクビの哲学かてあるわけで。哲学はものを考える作法のことで、何かの専門領域やない。哲学は、自分の生きる場面で起こっていることについて、きちんと論理的に何が問題か、問題そのものをはっきり提示する総作業と思っているのですよ。だからまず書斎の中でなく、さまざまな問題が発生している現場に行って、そこの話の輪に加わる。ただし、現場の人がしゃべってることに、専門の知識を外から持ち込んだり一切しないで、そこの人と同じ言葉で色々しゃべりながらね。

例えば、僕いちばんこれは変やと思ったのがね、看護の世界である。いままで看護する側の立場ばっかり言ったけど、看護される人の立場になってあげるのが本当のケアだと言われるようになっています。で、患者さんの立場になっていうのは、まず患者を理解すること。しかも患者として理解するのやなしに、人としてね、「全人的に理解する」ということを、いまの看護学で教えるそうです。そこで僕は、「えっ？　自分のこともわからへんのに、他人のこともわかれって、そんな難しい難題を課すんですか。それも患者さんの思いじゃなしに、全人的に人としてどんなふうにものを感じたのかって、そんなこと理解せんと看護がでけへんのですか？」言うて、あほな問いを出したりするんですよ。そのことで、その人らが当たり前として疑わなかった前提があることが見えてきたりする。そうすると、また違うように問題をとらえ直さんといかんと気づいて、ちょっと議論の流れが変わってしまうんです。そういうことをやるんですよね。だから答えを出すなんて全然しないですよ。

金　病院とかに行くんですか。

鷲田　そうです。医療現場や小・中学校は生きることのあらゆる問題が出てくるので、よく行きます。

小学校では例えば、ちゃんと並べとか遅刻するなとか言ってるけど、子どもは「なんで遅刻したらあかんのですか?」とか、「なんでまっすぐ並ばなあかんのですか」って言われたら、それをちゃんと答えることはものすごく難しいし、だれも答えられへんけども、学校はそれを当たり前のこととして教えないといけない。これは実はたいへんなことです。人間はみんな仲良くしないといけないんだと言っても、「それは何でですか」って、昔の子どもなら問わなかったような問いが出てくる。先生に言われたら恐いし従ってたのが、このごろの子は、「何で全員一緒に仲良うせなならんのですか」って、つっかかっていくより、「無理しないで好きなことやってるほうが楽しいじゃないですか」って言う。そんなときにも、どう答えたらいいんやろうって、このごろの小学校の先生って怖がっておられる。

看護の現場行くとね。看護師さんが困りはるのは、「こんなしんどい治療だと早く殺して、もう治療せず死ぬほうがいいわ」って言われたときに、看護師さんはどう答えるかってことですよね。だれも答えられない。そういうときどう接したらいいのかは、ものすごい大きな悩みですよね。そこには公式というものはありえない。最終の答えがないまま、それでももだえるように考え、悩み、外の知識によってではなく、現場のなかで道筋をつけなければならない。そのプロセスに哲学として関わっていくべきだと考えているんです。

金　そういうことで哲学を持ちださずに考えることですね。

ばらばら感をつかんでゆく

鷲田　さっきの「立つ」ということに話を戻すと、ピンヒールっていうんですか、あれを学生が履いてきて、僕も試しに履かせてもらいました。爪先だけしか接触してないので、立つことに対して、脹脛《ふくらはぎ》から お尻や背骨までの筋肉の配列を変えてしまうくらい筋肉が動員され、だから姿勢がよく見えるんでしょうね。でも、ある意味じゃものすごい不自由なものです。歩きにくくって、立ってるだけでも苦痛な。どうしてわざわざ、相当練習しないとかっこよく歩けないものを履きたがるんでしょう。ピンヒールまでいくと、逆に爽快感すらある。ちょっと前までの自分の体をキャンセルしていく気持ちよさと、自分をぎりぎりはりつめさせていく快感。それは魂の快感やと僕は思うんですけどねえ。

金　地面に近いことがただの解放っていうものではないんですよね。だから、解放の快感では、やっぱり魂っていうのは、なかなかわからないわけなんですよね。

鷲田　ほどくだけではねえ。

金　ええ。それは気持ちが楽な方向に行ってしまうだけで、かえって自分っていうものがわからないっていうか、他者との必要も関係もわからん状態やと思うんですよ。だけど、寝ているものの解放ではなくて、一回身体がばらばらになっていくような感じ。床面とか地面とかを問題にすることによってね。それは寝たきりであっても一緒なんですよね。寝たきりの姿勢をずっととってるから、もうつかんでるやろではなく、そこでの地面と身体の解放ていうよりも、ばらばら感っていうものを、もっとつかんでいかないと見えないわけなんですよね。

鷲田　ばらばらをばらばらとして使う。

金　そうなんですよ。だから手の指の先と肩の使い方があって、全然違う方向に使わないとだめっていうのもあったりしてね。一瞬一瞬に体が選んでいくわけなんですよ。べちゃっと寝ている状態で気持ちいいだけでなく、その重力全部感じるものをいかに分解していくか。分解がそれぞれの単独になってしまうくらい。

身体って本当は自分のものやないと思うんですよ。身体自身がつかんでるものに、かえって私らは教えられなあかんて思ってるんです。だから障碍があって日常生活では動けないけど、不自由ではなくて、舞台の上で何か身体を表現しようとしたときに、初めて動きというもの、自分のその身体感を取り戻すいうか。だからじっとしているということも含めて、それはばらばら感であり統一である両方でないと。そのへんで見るほうの見方がどういうふうに変わってくるか、もっともっと具体的な日常的な感覚に正直になるべきやと思うんですね。

鷲田　こないだ公演のあったウィング・フィールド（劇場）は、一人ずつの客席やなかったから、観ることに集中してるけども、隣同士と触ったりとか窮屈やったりして。でも最終的には、僕はシアターで観劇するスタンスでは、やっぱり観るほうは観ることに限定されてしまって、舞台に起こっていることにうまく感応するいうか共振することが起りにくいと思う。どうしても視覚的になってしまうと思います。窮屈やったしまたそれが楽しかったけど、さらにね、寝転んで観る人ができるような場所やったら、その場でまたもぞもぞやり出すかもしれません。来てる人が同時にごろごろしだしたりとか、真似しだしたりとか。いわゆる劇場形式では、観客は起きて観てるわけですから、舞台の人が自分の身体というものを感覚してらっしゃる、それの感覚とは違う。立つ、座るっていうか身を起こすことに全部動員されつつ、こうやって観てるんですもんねえ。ステージの体と客席の体がベクトルとしては直交している。観るほうも横になると。ここ（態変の稽古場メタモルホール）だったらそういうこと起りませんか。

金　ええ、そうですねえ。観てるほうとしては思わずやりたくなるでしょうけど。実際に寝っ転がり出す人っていうのはいないですよねえ。その体験は、そういうふうに、その位置を変えるっていうことだけではないと思うんですよ。要するに相手と同じ位置をとるからということではないような気がする。それはそれでまた、観ている側の位置のとり方を思ってしまうと、相手の持っている厳密な世界観みたいなことが伝わってくるかどうか。体をちょっと位置を変えるなり体がダルいからっていうことになってしまうわけなんです。

全部を転がる世界へ

金　身体っていうことのとらえ方で、相手がどういう位置にあっても、観客ということでの自分の中というものが、その心とか魂としての違いはそんなに大きいものなのか。例えばね、シーン作るときに寝たきりがごろごろやってるところっていうのは、あの『碧天彷徨《へきてんほうこう》』の中で作ったんですよ。その寝たきりのごろごろは、ステッキを持って山高帽的なものをつけて転がってるんですけども、それは、「ゴドーを待ちながら」の中に出てくる、あの紳士……。
鷲田　ポッツォです。
金　その紳士、そこだけその人物として出したんです。だから転がりながら、「どっちが地面かわからない」という感覚で転がってるんですが、足のほう（壁または奥）が地面のようにも見えてくる。ただごろごろごろごろするんですよ。そのイメージは私にとって、その床だけじゃなくて、壁も天井もごろごろして、横の壁に戻ってきてっていう、空間を全部ごろごろしているイメージに見えてくるんです。

砂漠のような設定なんです。非常に乾いた砂漠の向こうから、そういう人物が急にやって来て、また砂漠の山の向こうに消えていくわけなんですが、消えるっていうのが実は永遠に続いてるごろごろの中で、上と下っていう感覚が変わってくる。そういうシーンとして、実は立ってる者の立ってる演技だけでは絶対見えない転がる世界、寝っ転がるごろごろの楽しさと恐ろしさって、作品を見て言いはった劇評家がいるんです。そういうものは伝わるところがものすごくあると思うんですよね。

鷲田　ごろごろ回転していくっていうのは、例えば観客がこっち（客席）から観るんじゃなしに、例えば上からもし観たら、ダンスの人がクルクルこうステップ踏むのと変わらへんしね。だから、それを上から観るか、あるいはダンスだったら、横から観てるのとは結局、実は同じことやっていう意味はどこにあるんでしょうか。

金　ほかの作品の中で、もう一人、前で話した木村年男っていう、森永（ヒ素ミルク被害者）の役者なんですけど、あの役者が非常に広いステージの中で、たった一人でものすごいぐるぐる回るシーンがあるんですね。そのときに、「とても目にもとまらないくらいの速さで彼はステップを踏んでた」という劇評があったりするんです。

鷲田　四回転ぐらい？　フィギアスケートで言うと。

金　そうですよね。その寝ている身体っていうのが、寝ている身体だけには見えない。寝ていることの全部が見えてくるので、寝ているのか立っているのか座っているのかが、観客側もどうでもよくなっていく。そういうことが確かにあるわけなんですよね。

鷲田　観客は別に座ってたって同じ意味で一緒なんですね。なるほど、いまの説明よくわかりますわ。

金　要するに、そのときの立ってる者と寝ている者が共存したとき、そこでの競合の仕方ですよね。で、観客側っていうのがそこで何を観るかっていうのが、ものすごく頭の中がごちゃごちゃにさせられるというか。そういうのを目指してるんですけども。

鷲田　じゃ、立ってる人っていうのは、ある種、大きなカミを設定したらごろごろに見えるケース。逆のケースもありますよね。

金　そうです、ええ。

鷲田　それなんか結構おもしろい、なんかくらくら実験ですね。

皮膚感覚が観客に届くか

金　わたしの皮膚感覚っていうのは、皮膚から立体にいろんなものがつながっていくような感じです。だから、内臓の襞ってものが外に出てくる。空間の中にそれがものすごい重層に一枚の壁であったり、直角であったり、曲線であったりっていう皮膚感覚のものが観客のほうに届いていかないかと。

鷲田　ごろごろしてたら、体中が皮膚感覚で床を絶えず感じてるわけなんですよね、回る感覚もあるのに。ステップ踏んでクルクルする、そのときにやっぱり立ってしまうと、皮膚感覚っていうのがほとんどゼロになってしまうんですよね。これはもったいないこと。

金　足の裏だけなんでしょうねえ。爪先とか。

鷲田　空気と結構触れてるはずなのにそれを感じない。立ってのステップの場合、そのこと自体の感覚がものすごく鈍くなってしまって。

金　だから、立つだけの総動員というもので、必死になってしまうけど、でも本当は皮膚感覚あると思うんですよ。だから、空気の密度を感じながら身体で、地面と空間のどっちが空間かっていうとそれは両方空間と違うかなと。

（二〇〇六年五月）

人間の典型に迫る芸

マルセ太郎×金満里
Taro Maruse, Manri Kim

役者になりたかった

金　マルセさんは、在日朝鮮人二世の一番上の世代にあたるのでしょうか。私は二世の下の方の世代なんですが、兄弟が一〇人いまして、一番上の兄がマルセさんと同じ世代だと思います。私の母は古典芸術の劇団をやってたんですが。

マルセ　それは珍しいことですね。いつごろの話ですか。

金　戦中戦後です。もしかして、ご覧になってませんかね。

マルセ　中学のころ、よく大手前会館とかで在日の人の公演があったし、友だちの中にも古典舞踊やってる奴がいました。僕たちのころで印象的なのは、今里中学に在日の熱心な音楽の先生がいまして、生徒にオペラをやらせていた。それが中学とは思えないくらいのすごいレベルで、『春香伝』をやったのを僕は見てて、主役をやってた女の子に客席からえらい熱い思いを寄せたことがあった。そのころから僕は男のくせに民族舞踊を見ていて、習ったわけでもないんだけど、いまでも「うまい」ってよくほめられる。済州島で、小学生がチュソク（韓国のお盆）の農楽をやっていたのに僕が飛び入りで入って踊ったことがあるんです。それがＴＢＳのドキュメンタリーに映って、「お父さんのほうがうまい。フィーリングがある」って娘の舞踊の先生にほめられた。当時僕らの世代の男の子では、まったくと言っていいほどないことです。元来、男が歌を歌ったり、踊ったりというのは下に見られてたから。

金　芸能は低く見られてたということですね

マルセ　親父が生きてたら、僕が俳優を目指して東京へ出るのにどれだけもめたかと思うけど、中学三年でもう死んでたからね。

金　そのころ朝鮮の舞踊や劇団はたくさんありましたか。

マルセ　いや、そのころ僕はいわゆる政治的活動に近寄っていったから、あまりよく知らない。でも当時、朝鮮中央芸術団というのが東京にあって、その連中がよく公演して回ってた。その民族舞踊を見て、僕自身も血がそうさせるのか、フィーリングだけだけど踊れるようになったんです。

金　俳優を志したとおっしゃってましたけど、そういう影響ですか。

マルセ　いやいや、僕は高校二年のときに演劇部に入ってキャプテンになった。そして東京に出て、新劇の俳優になると自分で決めてた。親が生きてたら認められんやろね。僕は長男やし父親の権限は強いから。

新劇いうたら俳優座、民芸、文学座の三大劇団があったけど、片っ端から落ちた。二番手くらいの劇団も受けたけど、二年の間に七つの劇団全部落ちた。絶望したけど、でも、なんでもエエから舞台に立ちたかった。リヤカー引っ張ってクズ屋をしながら、古新聞、空き缶などを集めてた。時間が自由になるから。最初にやったことは、やっぱり踊りが好きやったんやろね。法村康之・友井唯起子っていう、もともと大阪の人がやってたバレエ団へ月謝払って習いに行って、アン・ドゥ・トロワってやってた。でもこれは自分がやりたい踊りと違うと思ってやめて、次はモダンダンス。江口隆哉は一日でやめた。朝鮮人の邦正美はやがてはドイツに行って世界的なダンサーになった。ほかにも日本人で石井漠さんとかがいた。でもこれも僕の踊りやないと一日でやめた。

どないしょと思ってたら、まつだたかしという人がいまして、いまで言うショーダンス、なかでもスペインダンスが上手だった。昭和の初期、浅草で踊りでスターになった人です。いまではちょっと考えられないけどね。そこでまたちょっと習った。

金　いまの時代よりも非常に豊かですね。

マルセ　そのころフランスの有名な『天井桟敷の人々』という映画を見たんですが、その中でジャン・ルイ・バローという役者がパントマイムで女の人の無実を証明する場面がありますよね。そしたらマイムをやってるマルセル・マルソーっていう奴がいるよっていうんで、映画を先に見て、本人が日本へ来たらさっそく見に行った。「ようし、パントマイムをやろう」ということで、日劇ミュージックホールのオーディションを受けたら合格したんです。だれもパントマイムなんか知らへんから、うまいかへたかわからへん。それで合格した。これからは外国人もぎょうさん日本に来るやろから、こういう芸人もおってええやろということで、劇場の支配人が名前まで全部カタカナで、マルセル・タローといやな名前をつけよった。しばらくその名前でやって、後にマルセ太郎にした。

金　この間の公演を見せていただいて、やっぱりすごい芸やなと思いました。家に帰っても後を引くんです。言葉の言いまわしとか、体の動きまで思わずシーンがよみがえってくる。

マルセ　うん、僕は生まれつき身体が軽い。どっちかっていうと日本人は身体の表現がへたやねん。教えられたことはやりよるけど、ふだん暮らしの中で身振りや表現がへたなほうでしょ。僕は朝鮮の血やなあと長い間思ってた。でも二年前に初めてソウルへ行って、僕みたいな奴がいっぱいおるかなと思ったけど、必ずしもそうじゃない。僕の兄弟もふだん歌を歌うこともないし、僕しかおらん。

金　もしかしたら一世の親が、朝鮮語と日本語をチャンポンする言葉の使い方で、そのうえに小さいころからマルセさんは難聴だったということで、言葉よりも身体のほうへと。

マルセ　二世で僕と同じ条件の奴はいっぱいおる。強いて強いて、無理に考えたら、母親の弟が一時日本におったんやけど、戦争が終わって済州へ帰ってすぐに、四・三事件（済州島蜂起）で殺されてしもた。そのおじさんが一時家へ居候してたとき、タップダンスはやる、歌は歌う。僕はこのおじさんの血を引いたのかもしれん。父親は先生みたいなもんで堅いし、おじいちゃんの兄弟は済州のハンドンの里長だった。あれやりたい、これやりたいで、要するに僕は自分に一番合った道へ来たんやけど、これは生まれつきの天分やね。

永六輔に見いだされる

金　マルセさんの芸風を見ておりますと、ものすごい観察力の賜物だと思うんですよ。「目で」観察するというか、映像として物をとらえる感覚のすごさから成り立つ芸ではないかと思うんですが。

マルセ　ええかっこ言うたら、自由な考え方をするということですね。まわりの連中と違ってたのは、堅い思想が盛んだったときに、その思想の裏、人間の持ってる性《さが》みたいなものが感じとれたんやね。それをだんだんおもしろいと思うようになった。二〇歳くらいまでは堅かったけど、そこで自分独自の感覚が出てきた。

永六輔さんに言われたことがあるけど、「おまえ対談はへたや。相手の話をうまいこと盛り上げるのはへた。でもあんたがしゃべることはみんな聞く」。もともとおしゃべりなんやね。でもそれが商売というか芸能のジャンルに入るとは思わなかった。

四七歳のとき、三人の子どもが大学へいくというころ、芸人の仕事が全然なかった。それで女房と二人で七坪くらいのスナックをやってたころ、たまたま田中泯さんと知り合いました。いまも東京の中野の富士見町に「plan-B」というところがあって、舞踏ばっかりやってる。音楽も前衛、「グワァーン、ギャギャギャギャ！」。それを後でエライ人たちが合評しよる。客席が七〇人くらいの広さで、中に入ったら、田中泯が全裸で転がってる。動きはあたかも障碍者のような動きだった。いまはやらないけど、そのころはそんなのをやっていた

僕がやったら表情が全然だめ。動いたらすぐ表情が出てしまう。舞踏は必ず半眼といって、目を開いてはいけないし、オブジェのようにならなきゃいかん。そこで僕は毎月独演会をやれと言われた。ふだんの話がおもしろい、顔つきはこんなんだし、芸人らしくないのがいいということで、その人らにもてる。毎月やってるとだんだん言うことがなくなってきたんだけど、ほかに仕事もない。

そのころ『瀬戸内少年野球団』という映画を見て、腹が立ちましてね。篠田正浩監督は僕より一つ

歳が上。敗戦直後の淡路島での話なんだけど全部うそ、と「plan-B」でしゃべった。十年遅れるけども、小栗康平監督の『泥の河』はすばらしい。そんな話をしてると、一〇人くらいのお客さんの中にひときわ声高に笑う人がいた。それが永六輔さんだった。あくる日すぐに速達でハガキが来まして、「感激。ただ感激。永六輔」次にまたハガキがきて、「一度会いたい、ピアニストの中村八大さんとライブをやってるから来ないか」って。次の日に赤坂で会った。

金　何年前ですか。

マルセ　一六年前。一九八四年に知り合って、八五年の二月一八日に渋谷のジアンジアンでやった公演では、ふつうは椅子が一一〇、詰めて一五〇人のところに、なんと二八〇入った。永さんが新聞でしゃべって、各界の名の知れた人がみんな集まった。それが出発。こんなのが商売になるのかという感じだった。

自分の浅草時代のお笑いも見せたいと思って、二部構成にした。『泥の河』だけだったら、出が芸人かどうかわからない。僕が絶対的な自信をもってるのはお笑いだし、ほかの人がやったことや、やりそうなことは一切やってない。しかも最後は『君が代』の問題に行くわけ。お笑いの最後にああいう話題にいくということで反響を呼んだんだね。「反対、反対」と言うだけではあたりまえの政治集会だから、ああいうふうにしゃべる。『ラ・マルセイエーズ』を歌って。

金　あれは痛快でしたね。一部と二部をつなげるというのはものすごいエネルギーだと思うんですよ。しかも一部の笑いがふつうの感覚ではない。間《ま》というんですかね。

「典型」を見つける

マルセ　フランスにコメディ・フランセーズという国立の劇団があるんです。二〇〇年の歴史をもってる。コメディといってもシラーの悲劇もやるんですよ。ワハハハって笑うんじゃないですよ。ルイ・ジュベという世界的な俳優の『演技論』の中に、「コメディアンたる者、かくあるべき」ということが書いてあります。高校のときに読んでもよくわからなかった。僕らの考えるコメディアンというのはエノケン、ロッパなんだけど、ちがうんや。大人になっていろんな経験をして、だんだんわかってきたことは、人間を「典型的」に表現できる人のことをコメディアンと言うんだということ。きまりきったタイプで演技をするのは「アクト」、英語だと「アクター」、俳優だと言うんですね。じゃあ「典型」とは何か。「あの人は典型的なサラリーマン」という言い方をよくするけど、この言葉は間違ってる。「どこにでもいそうな」というのは大間違い。「典型」というのは、表し方は特殊で、そこに流れているもの、観客に訴えるものに普遍性があるということなんです。ふつう「酔っ払いをやります」というと、「飲んで、くだまいて」っていうことになるけど、それは「典型」じゃない。僕はどうやるかというと、「好きなことはやれ」、「ただし責任は持て」、「世の中甘いもんじゃない」、「人間なんて汚いもんだ」この四つの言葉だけでやる。でお客さんはみんな笑う。なぜかというと、表し方は特殊だけど普遍的なものが流れてるから。この形を見つけるのがプロの感性。「そうそう、いるいる」と思わせることですね。

金　要するに真実というか。

マルセ　典型を見つけるためには、まっとうな思想を持たなくちゃいかん。

金　非常によくわかります。

マルセ　女をどうみるかといったときにも、はなっから女のことを何も知らん、一般に週刊誌で言われてるようなことをよく言うけれども、「ああ、それが女や」ということは感じない。もっと具体的に言うと、自分の女房がかわいいという話をして人に好かれる？　でも僕がやると、みんなどーっと笑うんですよ。僕の女房は四歳下のなかなか生活力のある大きな女性です。四〇代半ば、子どもは三人、上は大学にいってる。ある日、僕はさんざん酔っ払って帰ってきた。僕の悪い癖でいつも飲むだけで食べないので、女房は「つくるから食べろ、食べろ」と言う。「いいからビールだけくれ」と言って、その晩も飲んで寝た。なぜかそのときに限って女房に迫ったんだけど、わがジュニアはいっこうに元気がない。女房曰《いわ》く、「そやからご飯食べって言ったやんか」（笑）そんな程度の性知識やねん。男は腹減ったらふにゃふにゃになると思ってる。かわいいでしょ。それを舞台で言うとウケるわけ。スケベ話はきらいだけど、この話の中にはそこはかとない夫婦像があるでしょ。けっしてノロケじゃない。観察力ですよ。

観客と演じ手のずれがおもしろい

金　私たちは身体障碍者が身体表現をやるというところを強調してるんですが、私自身も人が感じない行間みたいなとこを表現したい。ふつうの人がふつうにやってることじゃおもしろくないと思ってます。障碍者が舞台の上に自分の身体を投げ出すというと、どうしても見世物的な感覚になるんですが、見世物感覚だと、いままでの固定観念の中でふつうになってしまいますよね。健常者の視点から奇異に見える見世物ではなくて、障碍者がもってる身体の障碍のところはすごくおもしろい、芸術性をもってると思う。それを単におもしろおかしく出すだけでは、単なる見世物になるんだろうけど、身体障碍自体をもっともっと洗いなおしていくと、すごい普遍的な、健常者の体にも通じるような身体の可能性、身体のもつ本質的な力がぐっと広がって見えるような気がするんです。

そうすると、今度は、観る側はどうしても目を凝らして観てしまうし、なんかむずかしいものを観てるんじゃないかというような感じになるんですね。すごくしんどそうに見えるとか、たいへんそうに見えるとか。観客に対してハラハラしてしまうところがありますよね。でもそれらも全部含めて自分たちのペースとして、逆手にとって、表現として見せていけるということを思ったときに、そのずれが、ものすごく私自身おもしろい思うんです。

マルセ　たぶん僕も見たらハラハラすると思う。それと障碍者が踊りたいという気持ちがどこから来るか。そこがまだ現在のところよく理解できないんです。我々のように具体的に言葉を使う芸と違うて、すごい根気のいることやと思う。観客が当たり前に観に来るようになるまでには、かなり時間がかかるんじゃないか。初めて行く人は構えるんじゃないでしょうか。それをどうやって「当たり前に観たらええんや」という気持ちにさせるか。演じる側と受け取る側との……。

金　葛藤ですよね。

マルセ　そのこと自体がおもしろいとも言える。

金　そのこと自体のおもしろさというものを、もうひとつめくって出していかないとだめだと思うんですが、演じ手と見る側との間にある溝が深すぎるというんですか。こっちは観せてるつもりやのに、なかなか笑いが来ないということはあるんですね。私がもし笑う立場でしたら、吉本とか見ても全然おもしろくないんですよ。でも人間の機微が見えるところでは、止まらないくらい笑いが出てしまう。「笑う感覚」というのは一人ずつ違うでしょう。

マルセ　これは僕の持論なんですが、「泣く」というのはほぼ世界共通なんです。愛してる人が死んだときとか、だれでも共感できる。でも笑いは、言葉や習慣が違うと、すぐには国境を越えるということにならないんですね。もちろんパントマイム的な笑いはありますが。

もうひとつ、笑いくらい幅広いものもない。下卑たいやらしい笑いから始まって知的な笑いまで。例えば、いじめを笑いのネタにして笑っていても、そのうちにおもしろくなくなって見なくなりますよね。持続できる笑いというのはやっぱり芸なんですよ。内容的に言うと知的な笑いというものがあります。そこへ行くためには、芸人自身に思想がなければいけない。共産主義とかいった主義ではなくて、ものを見るときに、「これだけははずせない」という理念みたいなもの。僕は子どものころから弱い者をいじめることは絶対許せなかった。エエカッコになりすぎるけど、弱者の視点っていうかな。「弱者」って「弱い者」って書くけど、そういう狭い意味ではなくて、例えば夜と昼があると、夜が弱者。紙の表と裏では裏が弱者。僕はそこまで広げてる。裏から見る人間の心のうごめきとか、そんなことを子どものころから考えてた。笑いを掘りさげたい。

金　トータルな一人の人間の中でも両方あると思うんで、どっちの価値観から世の中を見るかということでしょう。人の立場に立って見ましょうということではなくて。私自身、態変の表現をやってて、思想性というのか、理念というのは絶対大事やと思ってます。日本で演劇やったり劇団組んだりホール持ってたりしても、理念というのがどこもないんですよ。私なんかは立場的に、非常にスカッと見えてるところがあるんですが、それをそのまま舞台でやってもおもしろくない。

昔は障碍者の啓蒙芝居と言われて、「もっとセリフで訴えてほしい」と言われたこともあったんです。でも言葉で伝えることに安心してしまうのではなくて、あくまで身体表現を凝視するような、お互いの感覚を掘りさげていきたいと思ってます。そのときに、パントマイムじゃなくて、身体表現でもう少し笑いを掘りさげていきたいと思うんですが、それがものすごくむずかしい。

マルセ　僕が若いときに、パントマイムをやろうとしてすぐにやめたのは、こういうことなんです。例えばピアノという楽器があります。ピアノは弾き語りでもお金をとれるし、世界で指おりのピアニストもいる。いろんな段階のプロがいるんですね。ところがパーカッションは最高のレベルまでいかないと飯が食えないと言います。それ以上に厳しいのがパントマイム。極論すれば、天才でないとパントマイムはやっちゃいかん。それをマルソーを見て感じたんです。日本では笑いをとるところまでなかなかもっていけないから、どうしてもテーマ主義になってしまう。「死」とか「老い」とかね。でもマルソーがやるとドーっと笑うんです。単純なんですが、観客がほんとに笑う。それを二時間近くもやるんです。

でもそのマルソーでさえ、いまやフランスでは「ドサ回り専門だ」と言って批判されています。そして新しいマイムが起こってきている。その一つ、男女二人組のマイムは本当に素晴らしかった。こんなのもあるんですよ、一度あなたもやってみたらいいけど、女の人が一人で、膝に赤ちゃんのお面を付けています。その赤ちゃんが目を覚ましてお母さんの仕事を邪魔しにくる。泣き止まないからおっぱいを飲ませて、やっと寝る。ああこれで仕事ができる。ただそれだけ。マルソー的なリアルなものはないけれど、マルソーを超えるものが出てきていると思います。身体で表現するというのは最高の芸なんですが、これは天才の仕事。僕はそこまでいかないと思ったから、しゃべりの中に入れるしかなかった。

金　「身体の延長の身体」というものをもっと広げて使わないといけないと思っているんです。外のものとして体を使う。「指の先まで人のものになる」ということです。足の先をおっぱいのように使ったり、赤ちゃんのように使ったり。私は体が柔らかいから足をしゃぶったりできるんですが、それがシリアスなシーンになってしまう。観客はギョッとする。ギョッとしてもかまわないんだけど、そのあとの余韻がむずかしいですよね。

マルセ　日本では、これまで身体表現するということはほとんどなかったですね。ヨーロッパでは、コメディアンはみんなしゃべる前に動くんです。アクションができないのはコメディアンじゃないと言われる。アメリカではいま、スタンドアップコメディといって、しゃべりだけのコメディがありますが、ちっともおもしろくない。趣味も悪い。下ネタ、差別、そんなんばっかり。子どものころからなんとなく外国人は表現がうまいと思い込んでたけど、ニューヨークに行ってみたら、日本と同じだった。

金　なんで身体が遅れていくんでしょ。

マルセ　それは世の中の流れでしょう。学者じゃないからわからないがね。

想像力は創造力

金　背後にもある世界というか、ふと横を見たらいつでもあるような世界から抜け出て、そこにおるという日常感覚。態変の表現は、表現らしい表現、「ふり」をするというのではなくて、だれの人間観にもある虚像と実像という心理の裏表を観客の側に呼び覚ますというか。日常をそのまま持ってたのでは何もならないし、だからといって、日常からまったく離れて夢を見せるのでもない。商業演劇とかエンターテインメントは、ある意味では必要だと思いますが、そうではなくて非常にシリアスな部分で、ふっとわれに返るというか。日常のほうが「虚」かもしれないんですよね。

マルセ　結局それが一番大事なことですね。ヨーロッパ人はよく「想像力」ということを言いますが、我々は本当の意味では想像力を理解してないんですよ。僕がしゃべったり動いたりしてるとき、僕の別の目がいつもこのへんで見てるわけです。それでお客さんの想像力を高める。しゃべったことで絵を浮かばせて、想像力が刺激されてお客さんが笑う。

金　そういうヴィジョンをもって「自分で見ていく」ということで、ある意味で観客も問われてるわけですね。そういう、お互いに鍛え合うという場所が非常に少ないような気がするんです。

マルセ　そういうところから広げると、それこそ幸福論までいっちゃう。つまり、幸福っていうのは想像力なんですよね。想像力の貧困な人は、形のあるもので確かめるしかないから、お金・地位・名声ということになる。昔の哲学者で三木清という人が言ってるんですが、「それは幸福じゃない、成功だ。幸福とはイマジネーションである」。それは我々がやろうとしている芸からも言えます。形や理屈がはっきりしているわけではないですからね。ものすごくエエカッコなんですが、来た客は僕の芸を見て幸福になれる、そこまで持っていきたいと思ってます。

もうひとつ、想像力というのは「だまし」の面もある。マジックなんかそうでしょ。でもだまされることに快感をおぼえるためには、じょうずでなきゃだめ。あるはずのタネが見えないから楽しくて拍手をおくるわけですよね。ぼくの芸で一番単純な踊りの芸も、「だまし」です。「なんで六六歳のオヤジが子どもになれるのか」とよく言われます。

金　先に心、気持ちをつかんでるという感じがするんですが。気持ちがどういうふうに形になるのか。

『泥の河』を手話通訳で

マルセ　若い人に稽古の要領を教えたことがあるんですが、「自分が気持ちのいいときはお客さんもいい気持ちになれる。その感覚が自分の中にあるかどうか」ということを言います。何をやっても同じじゃ困るんです。一般的に綺麗と言われるバレエとかだけが綺麗なんじゃない。「好きなように動いていて、パンと手を叩いたら静止しろ」と言ったとき、できる人はどんなポーズをとっても絵になってます。角度によって顔が変わる。

実は日本では初めてのことなんですが、四〇〇人の聾唖者を集めて『泥の河』をやったんです。でも、僕は意味がないと思った。最初にちょっときついことを言いました。「僕が加賀まりこや田村高弘、子どもをやったって、僕の声が聞こえなかったら、うまいかへたかわからない。だったら彼や彼女たちには、外国のいい映画を見せたほうがいいんじゃないか。字幕があれば十分感動できる。または原作を読めばいいんじゃないか。なぜ手話に頼って僕の芸を見るのか」。ともかく、手話を見る目と、僕の演技を見る目とが違ってはだめだから、演技している僕の頭の真上で手話をやってもらいました。僕が移動したら、手話の人も僕について移動してもらう。最後に五〇人くらいで交流会があったとき、司会の人に頼んで、「僕はこのやり方では意味がないと思う。でもどこがおもしろかったか」ということを聞いてもらいました。答えてくれた二〇歳くらいの可愛い女の子が、「どうして瞬間にして、女の目になるんですか、男の目になるんですか、子どもの目になるんですか?」って言った。僕はそのとき泣きそうになったよ。そこまで見てくれてるのかと思って。よく言われるように、障碍を持ってると、ほかの部分で感じるってあるじゃないですか。目が見えない人は耳がよくって音楽がわかるとか。彼らは声が聞こえないから目で見て、目だけで感激しましたって言ってくれた。自分には思い込みがあったんですね。芸人っていいなあと思いました。

身体表現というのは、かなりレベルの高いものなんです。それをやるってことは、やはりそれ相応の才能が必要ですよね

金　そうだと思います。身体に対する洞察と言うのか、私の場合、健常者に歩き方の練習もさせるんですよ。「いまの歩き方は……」っていうことで指摘をすると、どんどん歩き方が変わってくるんです。自分が歩けないからその部分はわからないじゃなくて、歩けないからこそわかる部分があるんですよね。

マルセ　下世話な話で、やたら女にモテる男がいるとしますよね。本人もそのつもりで、いやなやつですよ。でもそいつらがいちばん女を理解してない。こっちでしょっちゅうフラれているやつがいる。実はこっちのほうが女をよく知っているということも、現実にあるわけです。もちろん逆になっても同じことでね。簡単に手に入れたものは、本当には理解してないってことがある。

向こうから飛び込んでくるもの

金　削ぎ落とされたというか、むだのない、本当に本質的なものをいいとこに出してくるっていうことで言えば、制約があるほうがすごくやりやすい。重度の寝たきりの役者もおるんですけども、動きすぎ

るんですよね。舞台に立つってことで「動きたい」という欲求のほうが強くなってくる。そうじゃなくて、いいところでいい動きをどう出すのかっていうことのほうがすごくむずかしいと思うんですね。

マルセ　僕自身、何度も言うようにおしゃべりが好きで、理屈っぽいところがありましてね。だからこうやって、自分の芸をわりあい客観的に分析してるわけなんですが、やるときはあまり意識してないんですね。やりたいと思ったことをやる。このことしゃべりたいと思ってしゃべる。さっき電車ん中であったことを、ここでパッと報告する。それが、常にお客さんを驚かす笑いになってるわけです。それはやっぱり、ふだんからの自分の目でね、よく観察力って言いますが、そういう言葉使うとなんか一生懸命、電車乗ってもじーっと見てるみたいですけど。

金　向こうから飛びこんでくるわけでしょ。

マルセ　勉強しているという気はないわけです。僕には四つになる孫がいまして、生まれてからずっと付き合ってるんですが、子どもというのはすごい想像力を持ってます。この子が三つくらいのとき、なんかの木の枠を見つけて紙芝居を連想したんです。保育園で時々やってもらってるんでしょうね。「じっちゃん、紙芝居見る？」って言うから「うん、見る、見る」って女房と二人で座りました。「白熊がいました。うさぎもぴょんぴょんいました。きつねもいました」ところが筋書きは覚えてないからそこから先へ進まない。われながら面白くないと思ったんでしょう。「じっちゃん、絵だけ見る？」。絵なんかないのにね。

我々には考えられないことですね。でもそういうものをわりあい残してる人が芸をやるんでしょう。またそうでなきゃいかん。昔、司馬遼太郎という人が言ったんですが、「大人はみんな、子どものころ持ってた想像力をなくしてしまって、そのかわり直接世の中の役に立つ技術を持つようになる。電車を走らせたり、ビルを建てたり、むずかしい数学の計算ができたり。子ども心を持ってる人はそれはできない。算数もできない。でもそんなことはどうでもいい。一般の大人がたまには子ども心を持ちたい、そこに帰りたいという欲求を持ったとき、劇場へ行くんだ」ってね。うまいこと言うなと思った。現実には我々のお笑いの世界で、必ずしもそうばかりとは言えないが。ある程度のところまでいって収入を得たら、みんな司会とか楽なほうに行くんですね。

金　要するにテンションをすごく高めないとだめですよね。

マルセ　暮らしによって考え方も感じ方も変わってきますよ。何億も持っとったら千円二千円の話はできなくなる。

金　生活ぶりで笑いのネタが変わってしまうということですか。

マルセ　絶対そう。友だちも変わる。収入の差があると友だちにならない。それにぜいたくして子どもをいい学校に入れるのは、昔、貧乏だった演歌歌手に多いですよ。

金　在日も多いですよね。

マルセ　そう、そう。僕は大阪に帰ったら在日の悪口ばっかり言って、弟とケンカになる。来年の四月に再演する『イカイノ物語』も、兄弟が会うとケンカばかりする話を題材にとってる。弟から見たら、兄貴は早々と自分や母親を大阪に置いて勝手に東京へ行き、勝手に標準語を覚えてインテリと付き合い始めた、という淋しさがある。使う言葉も変わってきますからね。

すごいものをつくるには理念が必要

金　マルセさんの芸風は、私がよく言う「間性」、ものとものとが移り変わっていくときの間をずーっとくまなく見たいという欲求と共通してると思います。それを意識することが、世の中にも必要だという気がしてるんですが。

マルセ　結果としては、それが僕の思想なんですよね。例えば、だれもが認めざるを得ないようなことを言う人がいるが、僕は疑いをもってしまう。堅い話になりますが、最近やたらと反動的文化人が、「日本がもし侵略されたらどうなるか。守らなきゃならないから軍隊をもつのは当然」って言ってる。そしたらいままでの憲法を守ろうとしていた人の発言は負けてしまう。それに対して僕はいつもこう言ってるんです。「一五年間アジアを侵略してきた日本人にそんなことを言う資格があるのか。恐れているのはアジアの国々だ」一見正しいと言われていることの裏を見るんですね。「権力者はみな犯罪者。そうでないのは、まだばれてないだけ」(笑)

昨日「競争したらあかん。考え方を変えよう」と言う話、僕自身の病気の話をしました。平均寿命というのがありますが、それに達しないで死んだら損をしたように思いますよね。でも空間っていうのは目で見えるし手で触れるけど、時間はどうやって把握するのか。カレンダーをめくるから時間が経ったのがわかるだけなんですね。それにいつも同じ時間ではない。平均寿命で一喜一憂するのはあまりにも貧しい。芸をやる場合でも、大切なのは想像力やね。日本の学校ではあまりそういうことを言わんけど。

金　イマジネーションを駆りたてたり、もっと膨らませたりということの中にみんな入ってるような気がするんですが。

マルセ　そういうものを育てるためには自由でなければだめ。なのに曾野綾子が「教育は強制である」とか言ってる。これがクリスチャンで文学者の発言かと思う。いやなことをさせるのが強制で、規律正しくするのは強制ではないのに、言葉の意味がぜんぜんわかってない。好きなことを見つけて、それを伸ばしてやるのが教育ではないのか。強制から想像力が生まれるはずがない。

金　想像力とか考えさせるための材料っていうのは、はっきりと提示しようとするといくらでもあるわけなんですが、そういう形ではなくて、もっとふくらませていくようなもの、思想、意識、理念という面で押さえている芸人が、最終的にはすごいものをつくっていくのではないかと思っています。何の理念もなければ、持続するのはむずかしいでしょうから。笑いも含めて、そういう膨らみというのをどんどんもっていかれる方向なんでしょうか。

マルセ　幸いにして、僕の芸を見に来てくれるお客さんは日本のあちこちにいるんですが、どうやっても少数派であることは間違いない。絶対にメジャーにはなれないですね、革命が起きないかぎり。だからここへ「足を運ぶ」というだけで、選ばれたお客さんだと思ってます。お客さんも芸人を選ぶでしょうが、結果的に僕もお客を選んでるということです。だから幸せな芸人です。それは男女関係と一緒よ。

金　長時間ありがとうございました。

（二〇〇一年二月）

おわりに

「犀の角のように唯独り歩め」（仏陀）

私の好きな言葉だ。

劇団態変を旗揚げしてから三四年が経つが、その間、前だけを見てがむしゃらに歩みを止めず、邁進してきたように思う。元来〝努力〟とは無縁な人間で、何もせずとも時間を持て余すようなこともなく楽しめる。そんな人間が、たった一人でも、やらなければいけないことを見つけたのはある意味、冥利に尽きる。

苦しくてもそこに向かいなさい。それがあなたに与えられた道なのだから。何の邪念も持たずそこに向かっていける、その瞬間があることの幸せを忘れずに。

やりだすと、まわりには多くの人たちが一緒に伴走をしていてくれて、独りではなくなっている不思議を、この本の出版で改めて気づかせていただく。

私にとって芸術を身近に感じさせた源泉の、母、金紅珠《キムホンジュ》に、感謝をする。私のやろうとすることに信じてついてきてくれた劇団員たちへ、態変三四年目にして初の書籍の出版の喜びを分かち合いたい。

態変芸術の長い活動において言語の側面を担ってきた、情報誌『ＩＭＡＪＵ（イマージュ）』という発行媒体がある。今回、その中に収録された対談に編集を加え、本書の第二部にあてることができた。この情報誌を継続させている編集班の苦労の賜物があって、また対談願った方々が（御遺族も含め）、本書への掲載をみなさん快諾していただけ、膨大な知の集積が成立したことを心に深く刻み、感謝したい。

そしてこの本の出版のお話をいただいた論創社の志賀信夫さんへ、当初半信半疑になるほど早い構想で、「無理かも」と思いながら、そうだから逆に出版できたことを最後に篤く感謝したい。

最後に、昨年七月二六日、無残に殺害された一九名の相模原やまゆり園障碍者を、私たちは忘れない。障碍を理由に社会にあってならない存在と、決めつけられ殺されてしまった、酷い時代に生きているということ。その優生思想とこの犯人を、絶対に許さず！

そして殺されたにもかかわらず、いまだ一九名の名を伏せられている障碍者差別の上塗りを一日でも早く解消し、氏名公表を行い、殺された一九名の仲間を実存として、我らの元へ奪い返させることを訴える。

劇団態変はその芸術の方法で、具体的に優生思想とは違う、人間の命の存在を見た人に浸透させ、揺るぎない芸術創造へ、さらに闘い挑んでいくことをここに誓う。

二〇一七年九月一六日

金満里

金満里（キム・マンリ）

劇団態変主宰・芸術監督　舞踊家・演出家
日本で活躍した韓国古典芸能家・金紅珠の末の娘として生まれる。3歳でポリオに罹患、全身麻痺の重度身障者となる。1983年劇団態変を旗揚げ、「身体障碍者の障碍そのものを表現力に転じ、未踏の美を創り出す」を提唱し、身体表現芸術を世界に先駆けて創出してきた第一人者。一貫して芸術監督を務め、劇団と自身のソロを合わせ70作品の作・演出を手がけ（2017年8月時点)、ほとんどの作品に出演している。平成23年度、24年度、26年度、27年度文化庁芸術祭参加。2016年度社会デザイン賞優秀賞受賞。
海外からの招聘公演も多く、アフリカ・ケニアを皮切りにスイス・ドイツ、アジアでは韓国・台湾・マレーシア・シンガポール・インドネシアに招聘されている。
1998年初めてのソロ作品『ウリ・オモニ』を大野一雄・大野慶人監修で上演。以降、大野慶人監修でソロ作品3作品、計4作のソロ作品を世に出す。身体の存在性から表現を引き出すワークショップも開催し、主宰する「金満里身体芸術研究所」では障碍・健常を問わず広く身体表現指導を行う。

著書『生きることのはじまり』（筑摩書房）
共著『私は女』岸田美智子・金満里編（長征社・絶版)、「舞う身体、這う身体」（鷲田清一編集『身体をめぐるレッスン1 夢見る身体』（岩波書店）所収）
映画出演『靖国・地霊・天皇』大浦信行監督（2014年）

1983年　劇団態変旗揚げ
1993年　東京「WORKSHOP AFFECT」で大野一雄氏と共に指導者として身体表現ワークショップ
1998年　大野一雄氏に師事。監修を受け初のソロ作品『ウリ・オモニ』製作・公演
1999年　ドイツ・ベルリンで「金満里ワークショップ」開催
2000年　ドイツ・ベルリン自由大学で身体論講義
2001年　英国・エジンバラの障碍者プロ俳優講座で身体表現指導
同年～　「金満里身体芸術研究所」を創設し指導（継続中）
2001～2010年　大阪市立大学講師
2005年　ドイツ・シュトゥットガルト・Theater der Weltから招聘され作品発表。身体表現ワークショップ開催
2005～2007年　クアラルンプール・アクターズ・スタジオから招聘され3年間の継続企画で現地の障碍者のオーディションとワークショップ指導。現地出演者による『フタンクナンガン（記憶の森)』（作・演出・出演　金満里）上演
2009～2011年　韓国で『ファン・ウンド潜伏記』（作・演出 金満里）上演。現地の障碍者からオーディションで出演者を選出、劇団態変パフォーマーと共演
2010年　ソウル・ハジャセンターから招聘され身体表現ワークショップ
2016年　社会デザイン賞優秀賞受賞（社会デザイン学会）

撮影：坂井公秋／提供：シアターガイド

劇団態変の世界——身障者の「からだ」だからこそ

2017年 9 月28日　初版第1刷印刷
2017年10月10日　初版第1刷発行

編著者　劇団態変
発行人　森下紀夫
発行所　論 創 社
〒101-0051 東京都千代田区神田神保町 2-23　北井ビル 2F
TEL : 03-3264-5254　FAX : 03-3264-5232　振替口座 00160-1-155266
装幀／奥定泰之
印刷・製本／中央精版印刷
組版／フレックスアート
ISBN978-4-8460-1650-0